원자력 **X** 파일

원자력 X파일

2023년 5월 10일 초판 1쇄 발행

글	이정윤
기획	시민언론 더탐사

펴낸이	김완중
펴낸곳	내일을여는책

책임편집	김세라
디자인	박정화
선전본부장	김휘승
관리	장수댁
인쇄	아주프린텍
제책	바다제책

출판등록	1993년 01월 06일(등록번호 제475-9301)
주소	전라북도 장수군 장수읍 송학로 93-9(19호)
전화	(063) 353-2289
팩스	(063) 353-2290
전자우편	wan-doll@hanmail.net
블로그	blog.naver.com/dddoll

ISBN	978-89-7746-998-3 03330

시민언론
더탐사
교양 1

원자력 X파일

'원전 바보짓'의 배후

글 이정윤 | 기획 시민언론 더탐사

내일을여는책

원자력 안전의 감시자 역할을 자임하며 처음 『원자력 묵시록(아무도 말해주지 않은 핵 안전 이야기)』을 펴낸 것이 2020년 10월입니다. 당시 책을 준비하면서 국내 원전의 안전 문제에 관해 최대한 많은 내용을 담으려고 했으나 저로서는 역부족이었습니다. 원자력의 '전체'를 다룰 수는 없었기에, '안전'의 중요성을 인식하기에 충분한 사례들을 직접 경험한 내용 중심으로 다루었습니다. 하지만 다뤄진 사례는 극히 일부였다고 생각합니다. 안전 문제의 실상을 알리려는 마음에 일부 과감하게 기술한 곳도 있습니다.

그 책은 엄밀히 말하면 원자력계를 향해 쓴 책이었습니

다. 글이 좀 무미건조할 것 같아, 독자들에게 좀 더 쉽게 다가가고자 앞부분은 제 이력을 중심으로 자서전 비슷하게 쓰기도 했습니다. 그래도 후반부에 다소 전문적인 내용들이 나와서 일반 독자들이 보기에는 좀 어려웠을 것으로 생각됩니다.

이 책은 『원자력 묵시록』 이후 두 번째 펴내는 책입니다. 이번에는 원자력 산업계를 중심으로 일반 독자들이 좀 더 쉽게 이해할 수 있도록 구성하였습니다.

작금의 원자력계는 수출에 매진하는 모습을 보이고 있습니다. 이 점이 저로서는 상당히 불안하게 여겨지고, 만일 수출이 안 된다면 어찌할 것인지 의문스럽습니다. (2022년 8월 이집트에 원전을 수출했다고 대대적으로 언론에 보도된 적이 있는데 이는 사실 러시아 업체가 수주한 사업에 하도급으로 일부 참여하는 형태입니다.) 결국 수출이 안 되면 원자력 산업계는 또 원전건설을 요구할 것인데, 그것이 과연 합리적일까요? 그렇다면 정부는 왜 세금으로 원자력 산업계를 유지해야 하는지 그리고 어떻게 유지하는 것이 합리적인지 등 새로운 의문이 생겨납니다.

이 문제는 사실 원자력 산업계를 조금만 알면 쉽게 이해할 수 있습니다. 저는 이 책에서 원자력 산업계가 '모

아니면 도' 식으로 원전 수출에만 매달릴 것이 아니라 산업적 구조전환을 해야 하는 이유가 무엇인지 그리고 구조전환을 위한 합리적 과정은 무엇인지 설명하기 위해 노력하였습니다.

국내 원자력계는 2012~2014년에 원전 부품의 품질서류 위·변조로 몸살을 겪었습니다. 당시 구매과정에 문제가 있었음을 직시한 관료들은 구매제도를 개선하기 위해 원전구매제도개선위원회(2013년)를 출범시켰습니다. 또한 검찰이 대대적인 수사를 펼쳐 구속자가 수십 명에 이르기도 했습니다. 하지만 이는 일시적인 대처에 불과하였습니다. 엉뚱한 희생자만 양산하는 것은 아닌지, 또한 이런 식으로 사태를 무마하려는 것은 아닌지 의문이 들었습니다. 문제의 근본적인 해결에 한계가 있다는 것만 확인하게 되었습니다.

원자력계에 비리가 싹트게 된 근본적인 이유는 사실 원자력산업의 구조적인 비합리성에 있습니다. 구조적인 문제가 무엇인지 진단하기에 앞서 '어떤 사람들'이 '어떻게 운영하고 있는가?'가 가장 중요하다는 것은 누구도 부인할 수 없는 사실입니다. 당시 비리에 연루된 이들이 많았는데, 거대 조직의 일원으로서 동조하거나 편승할 수밖에 없는 분위기가 작용한 측면이 컸습니다. 저는 그 많은 비리 공직자에게 국가의 안전과 이익을 도모하려는 의지가 전혀 없었을 거라고 보지는 않습니다. 직장 분위기 때문에 또는 상명하복 과정에서 어쩔 수 없이 그렇게 했을 거라고 생각됩니다.

산업구조와 구성원인 기업들이 어떤 목적으로 움직이는가가 중요합니다. 최근 환경(E), 사회적 책임(S), 지배구조(G)를 의미하는 ESG경영이 기후위기의 해결책으로 대두되고 있습니다. 우리나라 산업계 전반에도 ESG경영 바람이 불고 있습니다. 이를 추진하는 과정에서 우리나라 원자력 산업계에도 많은 변화가 일어나기를 희망합니다.

후쿠시마 원전 사고에서도 볼 수 있듯이 원전에서는 작은 불씨 하나, 작은 실수 하나로도 큰 사고가 발생할 수 있습니다. 행여 우리나라에서 그런 일이 벌어진다면 한반도 전체가 초토화될 수 있기에 산업계의 이익에 앞서 사회적 책임성이 강조되어야 합니다. 따라서 국내 핵산업계의 구조적인 형성과정과 현재의 산업구조를 알아보는 것은 독자들에게 중요한 지침이 될 수 있다고 생각합니다. 하지만 이 대목에서 일반 독자들에게 이러한 내용이 어떤 도움이 될 수 있을지 의문이 들 수도 있습니다.

원자력 안전 문제의 해결책은 궁극적으로 시민사회가 요구하는 내용과 수준으로 결정된다고 볼 수 있습니다. 즉, 원자력 안전의 수준은 그 사회의 안전수준과 직결됩니다. 규제기관은 지금도 수많은 규제요건을 사업자들과 논의하여 결정하고 있으며, 국가 사무라는 이유로 시민사회와는 논의조차 하지 않고 있습니다. 만일 사고가 난다면 피해는 누가 볼까요? 그런데도 피해 당사자는 중요한 의사결정 과정에서 배제된 것입니다. 이해 당사자들로 구성된 '○○위원회'들은 인적 다양성이 매우 취약해서 '그들만의 리그'나 다름없습니다. 일반 시민들은 의사결정 과정을 잘 알 수 없는 것이 현실입니다. 저는 이러한 모습들을 너무나 많이 봐 왔습니다. 결국 시민의 감시와 참여가 원자력 안전에 가장 중요합니다.

이 책은 이렇게 주권자로서 시민감시 과정에 참여하고자 하는 독자들에게 원자력 산업계 구조를 이해하는 지침서로 활용될 수 있을 것입니다. 원자력 안전은 결국 시민의 감시와 참여로 이루어지기에 시민들은 끊임없이 요구하고 안전의 최후 보루로서 그 역할을 다해야 할 것입니다. 모든 권력은 주권자인 국민에게서 나옵니다. "권리 위에 잠자는 자는 보호받지 못한다"라는 독일 법학자 예링의 말처럼 원자력도 마찬가지라고 생각됩니다.

이러한 시민참여 노력으로 우리나라의 민주주의 완성도가 높아지고 나아가 우리나라 산업 전반의 안전수준이 높아지면 우리 국민 삶의 수준도 높아질 것입니다. 우리나라가 21세기에 세계적인 리더로 올라서기 위해서는 부패와 비리를 반드시 끊어내야 합니다. 그러기 위해서는 투명성과 신뢰성, 전문성이 요구되며, 그래야 산업 전반의 안전수준도 높아집니다. 선진국의 문턱에서 좌절하지 않기 위해서는 안전의 최후 보루인 시민의 감시와 참여가 절실히 요구됩니다. 현실을 개선하지 않고 그대로 둔다면 사회적 책임성 없는 이해 당사자들의 목소리만 더욱 커질 것입니다. 이제는 우리를 방사선으로 위협할 수 있는 원전과 원전산업에 대한 이해를 바탕으로 은폐와 비리를 척결해 나가야 합니다. 이 책을 통해 시민들이 한층 성숙하고 전문적인 감시와 참여로 원전 안전의 길잡이 역할을 하게 되길 기대합니다.

2023년 5월 이정윤

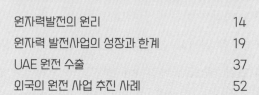

01
원자력산업의 태동과
성장 그리고 한계

원자력발전의 원리

원자력은 핵을 쪼개서 발생하는 열을 이용합니다. 핵을 쪼개기 위해서는 어느 정도 원자질량이 많은 것이 이용되는데, 대표적인 것이 원자질량이 235인 우라늄입니다. 분열되어 쪼개진 핵은 붕괴열Decay Heat을 발생시킵니다. 우라늄235 원자핵은 제논, 크립톤 등 다양한 질량을 갖는 원소로 쪼개지는데 이들이 안정된 상태에 이를 때까지 방사능이 지속적으로 발생합니다. 이를 방사능붕괴라고 합니다.

우라늄235의 핵분열은 순간적으로 발생하며, 이렇게

쪼개진 핵은 방사성 핵종으로 다양한 반감기[1]를 가지면서 방사능을 지속적으로 발생시킵니다. 이 때문에 경수로의 경우 핵연료에서 우라늄235의 핵붕괴로 발생한 열은 냉각수를 통해 열교환기인 증기발생기를 통해 외부로 전달되어 증기를 발생시키는 데 활용됩니다. 이 증기는 스팀터빈을 돌리고, 스팀터빈에 축이 연결된 발전기에서 로터축이 같이 회전하면서 전기를 생산하게 됩니다.

우라늄 원자핵을 쪼갤 때는 중성자를 이용합니다. 아궁이에서 장작을 태울 때 산소가 필요한 것처럼 중성자로 원자핵을 많이 쪼갤수록 열이 많이 발생합니다.

원자핵은 중성자가 충돌하여 쪼개집니다. 중성자는 핵분열 시 발생하는데, 한 개의 중성자가 원자핵 하나를 쪼개면 2개 이상의 중성자가 발생하고, 이 중성자가 또 이웃의 핵을 분열시키고, 중성자가 또 나와서 또 핵분열을 시키는 식으로 연쇄반응이 일어나면서 순식간에 핵분열

---

1 방사능의 세기가 반으로 줄어드는 시간으로, 핵종마다 다양한 반감기를 가진다. 자연계에 존재하는 천연우라늄235의 경우 반감기가 약 7억 년이며 삼중수소는 12.3년이다. 탄소14는 반감기가 5,730년이어서 고고학에서 연대측정에 이용되기도 한다. 핵분열에 의해 발생하는 방사성 동위원소인 세슘137은 30.1년, 스트론튬90은 28.8년, 핵연료에서 변환되는 플루토늄239는 24,065년이다.

이 가속됩니다. 이 연쇄반응이 지속되면 열이 폭주하여 사고가 일어날 수 있습니다. 원전에서는 이를 방지하기 위해 제어봉이라고 하는 중성자 흡수봉을 이용하여 중성자 수를 조절할 수 있습니다. 평소에는 냉각재에 붕산을 넣은 붕산수의 붕산 농도를 이용해 중성자의 발생과 소멸을 일정하게 유지할 수 있습니다. 이 경우 핵분열을 일정하게 하여 열이 일정하게 발생하므로, 이 열을 적절히 제거하면 원자로는 안정한 상태를 유지할 수 있습니다.

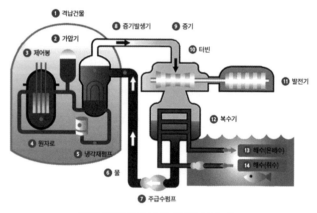

원전 개념도(자료 출처: 한전원자력연료)

원자로의 출력을 조절하는 역할을 하는 장치가 원자로 제어봉입니다. 원자로 내부의 중성자 밀도는 냉각재에 포함된 붕산 농도에 의해서도 조절됩니다. 이 두 가지 기능으로 중성자 밀도를 조절해야 원전의 출력을 안정적으로 조절할 수 있습니다. 이 두 기능은 원전에서 가장 중요한 안전 기능을 수행합니다. 따라서 모든 원자로는 이 두 가지 기능을 모두 갖고 있거나 하나 이상 갖게 됩니다.

경수로 원자로 헤드에는 제어봉이 설치되어 있으며, 상부 하우징 외부에 설치된 모터의 전자기력에 의해 조금씩 올리고 내릴 수 있습니다. 만약 전자기력을 상실하는 경우에는 중력에 의해 원자로 내부로 낙하합니다. 이 경우 원자로 내부의 핵연료가 위치한 동체 즉 노심 영역은 중성자를 일시적으로 흡수해 제거하므로 핵분열이 중단됩니다. 핵분열이 중단된 핵연료는 여전히 잔열이 많이 발생하므로 최소 수년간은 물로 열을 식혀 주어야 합니다.

열은 핵분열 중에 가장 많이 발생하지만, 핵분열이 중단되어도 열이 상당한 수준으로 발생하기 때문에 안전에 냉각기능이 매우 중요합니다. 즉, 핵분열 중의 열 또는 정지 중 잔열을 냉각시키는 기능은 펌프에 전기를 공급해 물을 순환시키면 됩니다. 후쿠시마 원전의 경우 원자로를 정지시켜 핵분열이 일어나지 않도록 조치했지만, 전원공급이 차단되어 냉각수를 순환시키는 냉각기능이 불능 상태가 되면서 잔열 제거에 실패해 핵연료가 녹아버리는 대형 사고가 발생한 것입니다.

이처럼 핵연료는 원자로에서 인출되어도 상당한 잔열이 발생하므로 수조에 넣고 잔열을 식혀줘야 합니다. 후쿠시마 원전 사고 시 4호기의 경우, 원자로가 정지되어 있어서 지진으로 인한 노심용융과 이로 인한 폭발 사고는 피할 수 있었습니다. 사용후핵연료 수조에 있던 원자로에서 인출한 사용후핵연료가 냉각 중이어서 헬기로 해수를 주입해 대형 사고로 이어지는 것을 막을 수 있었습니다. 이처럼 수조의 사용후핵연료는 잔열을 식히지 못하면 대형 사고로 이어질 수 있습니다. 사용후핵연료 수조에서 냉각기능이 상실되는 경우 수조의 물이 증기로 비등해 수위가 내려가고 이로써 핵연료 잔열의 냉각이 불가능해지면 3일 이내에 화재가 발생할 수 있는 것으로 알려져 있습니다. 그러므로 원전 내부 사용후핵연료 저장조는 비상시 원자로 내부에 있는 핵연료를 100% 인출하여 수조에 저장할 수 있도록 공간과 충분한 냉각능력을 확보하여야 합니다. 또한 나머지 공간에는 잔열이 최소화되는 5년 전후의 사용후핵연료를 보관하여 냉각이라는 본래 기능에 충실하게 해야 합니다. 그리고 5년 전후의 잔열 냉각 이후에는 영구처분장과 같은 보다 안전한 곳으로 옮겨야 합니다.

이는 우리나라에서 아직 해결하지 못한 안전 문제의 숙제이기도 합니다.

원자력 발전사업의 성장과 한계

1945년 일본 히로시마와 나가사키에 떨어진 두 발의 원자폭탄으로 태평양전쟁이 끝나면서 2차 세계대전은 종료되었습니다. 이후 미국 아이젠하워 대통령이 1953년 핵의 평화적 사용을 목적으로 하는 국제기구 창설을 제안하면서 원자력 발전사업이 시작되었습니다. 당시 80개국이 기구 설립헌장에 조인하면서 국제원자력기구IAEA, International Atomic Energy Agency가 설립되었습니다. 설립헌장은 이듬해 발효되었고, 1957년 7월 29일 IAEA가 공식 창립되었습니다. 당시 세계 각국에서는 이미 원전에 대한 연구가 상당히 이루어진 상태였으며, 영국에서는 세계 최초로 20MW 규모의 상업적 대형원전(Calder Hall A)이 가동된 지 1년이 지난 상황이었습니다.

우리나라에서는 1955년 8월 8일 제네바에서 열린 국제원자력평화회의에 3명의 과학자가 참가하면서 원자력의 역사가 시작되었다고 봅니다.[2] 이후 미국과의 긴밀한 협력을 위해 1956년 2월 3일 한미원자력협정(원자력의 비군사적 사용에 관한 대한민국 정부와 미합중국 정부 간의 협력을 위한 협정)이 공식 체결되었습니다. 우리나라는 IAEA가 출범한 해인 1957년 8월 8일 IAEA 헌장에 서명하고 회원국이 되었습니다.

당시 이승만 대통령은 원자력 기술개발에 적극적이었고, 1956년 3월 9일 원자력의 연구개발 및 이용을 목적으로 대통령령으로 문교부에 '원자력과'가 신설되었습니다. 이어서 1958년 3월 「원자력법」이 공포되었고, 이후 1959년 1월 원자력과가 개편·확장되어 원자력원原子力院이라는 정부 기관으로 정식 발족하면서 본격적인 원자력 이용 개발체계를 갖추게 되었습니다.

국내 최초 원전인 고리 1호기의 건설은 유류파동과 겹치면서 국내 원전건설이 가속화되는 계기가 되었습니다. 고리 1호기 도입을 통해 국내 원자력 시대의 개막을 결정한 근거는 다음과 같습니다.[3]

---

2 산업통상자원부 · 한국수력원자력(주), 2016, 『원자력발전 백서』, 123쪽.

3 1990, 『원자력발전 백서』, 34쪽.

원자력발전은 발전원가 중 연료비가 차지하는 비중이 석유, 석탄 발전보다 크게 낮기 때문에 원자력발전 기술의 자립은 곧 국산 에너지의 생산을 의미한다. 원자력발전소에서 사용되는 모든 기자재의 국산화가 이루어진다면 우라늄 원광만 해외에서 수입하면 되는 것이므로 사실상 국산 에너지와 다름이 없는 것이다. 특히 원자력발전은 자원의 재활용이 가능한 미래의 자원이다. 연소 후의 '재(타고 남은 핵연료)'도 고속증식로가 개발, 실용화되면 현재 잠재 에너지의 약 2%밖에 활용하지 못하고 있는 이용률을 60배까지 높일 수 있다. 따라서 새로운 기술개발에 끊임없이 도전하여 원전의 안전성과 경제성을 높이는 한편 에너지자립 기반을 구축해 나갈 것이다.

이에 따라 정부는 1984년 7월, 원전의 경제성 제고 및 에너지자립을 위하여 '원전건설 기술자립계획'을 수립하고 이의 추진을 위한 주체를 선정, 기술도입 위주의 외자계약을 체결하고 분야별 추진 목표를 확정하였습니다. 그리고 다음과 같이 집중적으로 관리하였습니다.

기술자립의 핵심 조직 역할을 맡은 한국원자력연구소는 1959년 3월 원자력 연구개발 전문기관으로 발족하였습니다. 또한, 1962년 3월 최초로 연구용원자로인 TRIGA

기술자립 주체	기술자립 분야	1995년 기술자립 목표(%)	1989년 말 실적(%)
한국전력공사	사업 종합관리	98	88
한국핵연료㈜	핵연료 제작	100	75
한국원자력연구소	원자로 계통설계	100	71
	핵연료 설계	95	66
한국중공업㈜ (현 두산에너빌리티)	원자로 계통 기기 제작	87	64
	터빈발전기 설계 제작	98	77
한국전력기술㈜	발전소 종합설계	95	76
건설업체	시공	100	96
종　합		95	77

'원전건설 기술자립계획'의 추진 체계 및 실적

Mark-II를 가동하여 기초연구와 동위원소 생산 등의 연구를 시작하였습니다. 원자력연구소는 이후 한필순 소장이 취임하기 전까지는 주로 연구용원자로를 이용한 기초연구 중심으로 연구 활동을 수행했습니다. 사실 한필순 소장이 취임하기 전까지는 제대로 된 임무가 주어지지 않아 고급 인력이 모여 있어도 매일 허송하는 일이 많았습니다.

　1971년 3월 19일 고리 1호기 건설이 시작되었고, 마침 1970년대에 세계적인 유류파동이 두 차례(1973년, 1978년)에 걸쳐 발생하였습니다. 이에 원전의 필요성이 강력히 대두되면서 원전건설이 적극적으로 추진되었습니다.

한전은 원전 사업을 효과적으로 추진하기 위해 한국전력기술㈜(엔지니어링 및 설계 전문, 이하 한전기술), 한전보수공단(발전설비 정비 전문), 한국핵연료개발공단(핵연료 생산 전문)을 설립하며 전문 기능에 따라 세분화했습니다. 이러한 구조는 효율적인 기술도입에는 바람직했지만, 나중에 기술자립이 어느 정도 이루어진 후에는 통합적인 사업관리에 취약성을 드러내게 됩니다.

또한 원자력 안전을 위한 전문조직으로 원자력연구소 내에 원자력안전센터를 운영하였습니다. 원자력안전센터는 이후 독립성·전문성 강화를 목표로 1989년 한국원자력안전기술원으로 분리, 독립법인으로 새롭게 출범하였습니다. 한국원자력안전기술원은 후쿠시마 원전 사고가 발생한 2011년까지 과학기술부(현 과학기술정보통신부) 산하기관으로 운영되었습니다. 원자력안전위원회(원안위)가 정부 조직으로 과학기술부에서 분리될 때까지 과학기술부는 원자력연구소와 함께 '진흥'과 '규제'의 기능을 같이 수행한 것입니다. 이에 따라 '연구를 위한 규제'인지 '규제를 위한 연구'인지 모호해지는 문제가 있었습니다. 즉 과기부 공무원들이 진흥부서와 규제부서를 순환하며 근무하다 보니, 규제 전문기관인 한국원자력안전기술원으로 독립되어 운영되면서도 고유의 규제기능은 약화될 수밖에 없었습니다.

이 문제는 정부 부처인 원자력안전위원회가 과기부에서 분리된 지금까지도 지속되고 있습니다. 예산이 과기부에 의해 통제되면서 완전한 독립성을 갖추지 못하고 있는 것입니다. 또한, 규제 기술 업무를 담당하는 이들이 대부분 연구소 출신이다 보니 업무가 다소 느슨하게 이루어졌고 진흥부서를 오가는 관료들에 의해 관료화된 행정체계가 중시되면서 안이하게 운영되었다고 볼 수 있습니다. 이러한 문제점들은 나중에 품질서류 위·변조와 같은 원전 비리 사건과 월성 1호기 수명연장의 규제 기술 부실 검토 등 안전 규제의 총체적 난맥상으로 나타나게 됩니다.

1982년 3월, '에너지자립을 못 하면 기술 식민국이 된다'라는 지론을 가진 한필순 박사가 한국에너지연구소(후에 한국원자력연구소로 명칭 변경) 대덕분소장으로 취임하면서 원자력계는 큰 변화를 맞이합니다. 그는 당시 군사정권의 전폭적인 지원으로 사업을 매우 적극적으로 추진하였습니다. 하지만 5공화국 출범과 함께 미국이 원자력

연구소 폐쇄를 요구하는 바람에 원자력 연구사업을 추진한다는 것이 만만치 않았습니다. 한 소장이 취임해 보니, 연구소가 고급 인력들을 뽑아놓고는 하는 일이란 게 별것이 없다 싶었습니다. 이 상황을 한심하게 여긴 한 소장은 고급 인력을 활용해 국가 에너지사업에 기여하고자 원자력 국산화 사업을 적극적으로 추진하게 됩니다.

먼저 캐나다원자력공사AECL, Atomic Energy of Canada Ltd가 공급하던 중수형원자로 핵연료를 국산화하는 데 착수했습니다. 한 소장은 그동안 안일한 분위기에 젖어있던 연구원들에게 사업계획서를 작성하도록 했습니다. 중수로 핵연료를 국산화하려면 기술 원천국인 캐나다에서 기술을 도입해야 했습니다. 캐나다가 300만 달러를 요구했으나 협상 과정에서 40만 달러로 낮춰졌습니다. 하지만 정부는 이마저도 어렵다면서 무상으로 해주기를 요구하였습니다. 결국 캐나다가 기적적으로 이를 받아들이기로 하면서 복제 수준의 핵연료 시제품 제작에 성공하였습니다. 캐나다에서 시제품 성능실험을 했는데, 이 또한 성공하였습니다. 당시 AECL 엔지니어들은 AECL을 방문한 한국 연구원에게 도면 한 장 주면서 간단히 설명했고, 그 도면을 가져가도 그것으로 제작까지 하기는 어려울 것으로 생각했다고 합니다. 하지만 나중에 시제품을 제작해 최종 실험까지 성공하는 것을 보고 깜짝 놀랐다고 합니다. 이는 원자력연구소의 소장과 연구원들이 하나로 뭉쳐 결사적으로 국산화 열의를 발휘한 덕분이었습니다.

핵연료는 모두 원천국에 의존하던 당시, 투자를 제대로 하지 않았음에도 원자력연구소에서 개발에 성공하자 대통령과 한전의 지지가 이어졌습니다. 중수로 핵연료가 개발되면서 전량 캐나다에서 수입하던 것을 중단하고 1987년부터 국내 중수로 원전 4기에 공급하게 됩니다.

또한 전두환 대통령의 개발 지시에 따라 경수로용 핵연료의 국산화를 추진하게 됩니다. 원자력연구소는 기술이전비를 전혀 들이지 않고 '공동설계' 형식으로 일을 배우면서 개발하는 방식으로 추진했습니다. 공동설계사로 독일의 지멘스Siemens-KWU가 선정되었고, 이를 위해 30명의 과학자가 독일로 파견되었습니다.

당시 원자력연구소의 국산화 추진 과정에서 설계사업의 비용을 조달하는 것도 큰 문제였지만 설계 경험을 갖춘 고급 인력이 부족하다는 것이 가장 심각한 문제였습니다. 경험이 풍부한 고급 인력을 찾을 수 없어서 국내외의 우수 인재를 뽑아 충당하는 수밖에 없었습니다. 당시 우리나라

과학자들이 미국 컴버스천엔지니어링CE, Combustion Engineering과 웨스팅하우스Westinghouse Electric Company LLC에서 좋은 포지션에 있던 한인 과학자들에게 러브콜을 보냈고, 이들이 모든 것을 마다하고 귀국해 팀에 합류하였습니다. 이들이 팀 리더로 독일 엘랑겐에 파견됨으로써 좋은 결과가 나오는 데 결정적으로 공헌하게 되었습니다.

중수로와 경수로 핵연료의 국산화 성공, 이 두 가지만으로도 사실 국내 원자력계에 굵직한 발자취를 남긴 것이었습니다. 이후 원자력연구소 내의 부지에 30MWth급 연구용원자로를 자력으로 건설하기로 하고, 수많은 시행착오와 우여곡절 끝에 건설을 마치고 가동에 성공하였습니다. 이 연구용원자로는 2009년 요르단에 수출되었습니다. 하지만 원가(최초 제안 금액이 2,500억 원 수준으로 알려짐)에 못 미치는 저가(약 1,500억 원으로 알려짐) 수주로 기업체에 손해가 전가되는 등 부작용이 심하였습니다. 이는 연구조직이 수출사업까지 수행할 때의 문제점을 여실히 보여주는 것이었습니다. 연구용원자로는 세계적으로 수출 전망이 상당히 좋은 것으로 자체 평가되었지만 2009년 요르단 덤핑 수출 이후 지금까지 추가 수출에는 성공하지 못하고 있습니다.

원자력연구원에 들를 일이 있어 방문했다가 우연히 원장을 만난 적이 있습니다. 연구용원자로 '하나로^{HANARO}'의 요르단 수출의 부적절성을 문의하였다가, 원전의 수출은 가격보다 실적이 중요하다는 식의 답변을 들었습니다. 즉, 당장은 원가와 이익이 중요한 것이 아니라 수출실적을 쌓는 게 급선무라는 것이었습니다. 그렇다면 수출로 인해 발생한 적자는 중소기업이 아니라 원자력연구원이 떠안아야 하는 것이 아니냐고 질문했으나, 결국 답을 듣지 못했습니다.

당시 수출이 성사되었다고 원자력연구원의 많은 연구원이 각종 훈장과 표창을 받은 것이 기억납니다. 씁쓸한 마음을 금할 수 없었습니다. 왜냐하면 당시 적자 수출로 인해 중소기업이 도산하고 각종 소송이 불거져 13년이 지난 지금까지도 해결되지 않고 있기 때문입니다.

이런 수출은 왜 하는 건가요? 이렇게 수출 자체에서 의미를 찾는 것은 하등 의미가 없는 허장성세입니다. 수출의 목적은 결국 일자리 창출입니다. 정부 예산으로 일군 사업으로 고용창출 효과가 높은 중소기업형 일자리를 최대한 창출해야 한다는 의지와 노력은 어디서도 찾아볼 수 없었습니다.

하지만 후에 건설되는 기장 연구용원자로는 특수시설이 추가될 게 별로 없는데도 1조 원에 가까운 비용이 들어갔습니다. 건설비가 이렇게 책정된 데는 건설업체인 ㈜대우건설의 요구가 큰 비중을 차지했는데, ㈜대우건설은 요르단 연구용원자로 건설 주관업체였습니다. 뚜렷한 증거는 없으나 요르단 원자로 건설로 발생한 적자를 기장 원자로 사업에서 보상받는 것으로 추정할 수 있습니다. 하지만 적자로 고생하는 하청 중소기업들의 고충은 해결이 난망입니다.

원자력연구소에 부임한 한필순 소장의 다음 목표는 경수형원자로 계통설계 국산화에 있었습니다. 핵연료 설계 국산화를 추진하면서 노심 설계 분야에는 국내 어느 조직보다 우수한 원자로설계 경험 인력 수십 명이 있었습니다. 하지만 원자로설계에 특화된 한전기술이 이미 설립되어 있었습니다. 원자로설계는 원자력연구소의 업무 범위에 속하지 않았습니다.

마침 한전기술은 일단 원자로설계 국산화는 뒤로 미루고 먼저 보조계통과 배치설계 중심으로 추진하려던 참이었습니다. 기회를 포기할 한 소장이 아니었습니다. 같은 군 출신이라 의사소통이 잘되던 당시 한국전력공사 박정기 사장을 찾아가, 고급 인력을 확보하고 있는 원자력연구소가 원자로 계통설계를 추진해야 한다고 간곡히 설득하였습니다. 결국 박 사장은 한국형 원자로 계통설계의 필요성을 인식하고 적극적으로 지원하기로 했습니다. 하지만 기술자립에 성공한 후에는 한전으로 사업을 이관한다는 조건이 붙었습니다. 이는, 기본적으로 기술자립과 연구개발에 있어서는 연구소 조직이 수행하는 것이 효율적이지만 국산화가 완료된 후에는 사업조직이 사업을 추진해야 한다는 원칙에 따른 것이었습니다. 이에 따라 1997년 1월 그동안 기술자립에 매진해오던 원자력연구소 연구원 600여 명이 연구소를 떠나 한전기술, 한국전력공사, 한국핵연료㈜로 이직하게 되었습니다.

다시 이야기를 돌려, 경수로 설계를 맡게 될 한국원자력연구소 연구인력 1진이 1986년 12월 미국 코네티컷주 윈저에 있는 컴버스천엔지니어링(CE)으로 출발하였습니다. 그때 연구소 식당에서 거행된 출발식에서 연구원들에게 "必 설계기술 자립"이라고 쓰인 액자를 들고 만세삼창을 외치게 한 일화는 유명합니다. 당시 파견된 인력은 신입연구원 중에서 엄격하게 선발된 고급 기술자들이 대부분이었습니다. 국내 최고 우수인력으로 구성된 그들은 미국에 파견된 지 3년 만에 각고의 노력 끝에 원자로 계통설계 국산화에 성공합니다.

'원전건설 국산화'로 지어진 최초의 원전은 한빛 3·4호기입니다. 당시 원자로 계통설계는 원자력연구소가, 원자로 기기 제작은 두산중공업(당시 한국중공업, 현 두산에너빌리티)이, 발전소 기기 배치설계와 토건설계는 한전기술이, 발전소 건설은 현대건설이 담당하였습니다. 하지만 한빛 3·4호기는 가동 후 고장이 잦았습니다. 특히 한빛 4호기는 부실시공으로 인해 윤석열 대통령의 취임에도 불구하고 5년째 가동이 중단되고 있습니다. 군사독재 시절의 권위주의적 정권이 기술자립은 비교적 수월하게 이루었지만 까다로운 시공과정에서 공기工期 준수를 우선시한 결과입니다.

1980년대 당시는 한전이 원전건설을 주도했지만, 현재는 한국수력원자력㈜(이하 한수원)이 발주처로 건설을 추진하고 있으며 원전건설 및 운영사로서 원전 계열사의 맏형 노릇을 하고 있습니다. 즉 원전의 설계·제작·시공의 전 과정에 있어 모든 발주는 건설 총괄관리를 맡은 한수원에 의해 독점적으로 추진됩니다.

국내 원전 사업은 크게 건설 부문과 운영 부문으로 나

닙니다. 건설 부문은 다시 크게 설계, 기기 공급, 건설시공, 시운전의 네 분야로 나뉩니다. 한수원이 건설을 종합 관리하면서 동시에 사업을 발주하는 특이한 구조입니다. 보통 발주처가 사업을 종합적으로 관리하며 직접 사업에 참여하는 경우는 매우 드뭅니다. 발주처는 종합 공정관리, 공급자 계약 및 발주관리, 인허가 등에 종합적인 책임이 있습니다. 이를 종합적으로 관리하기 위해 한수원에는 원전건설본부가 구성되어 있습니다. 이곳에서 원전건설을 위해 매년 수조 원의 공사를 발주하는 것입니다.

원전 설계는 크게 보아 원자로 계통설계와 발전소 종합 배치설계인 종합설계의 두 가지로 나뉩니다. 한전기술 내에는 원전 사업을 추진하는 부서로 원자로 계통설계를 수행하는 원자로설계개발단과 종합설계를 수행하는 원자력 본부가 있습니다. 원자로설계개발단은 원자력연구원에서 원자로 계통설계 국산화를 추진한 인력과 조직이 이관된 것입니다. 원자로 계통설계는 원자로 주기기를 공급하는 두산중공업과 기술적 연계가 많이 이루어집니다. 반면 종합설계는 토목구조와 배치설계가 주가 되므로 건설시공사와 기술적 연계가 많이 이루어집니다. 따라서 두 부서가 합쳐지기는 어렵습니다.

실제로 외국의 원전 공급사들을 보면 안전 관련 인허가 업무가 주종을 이루는 원자로 계통설계가 원전 공급 전체를 관리하고 있음을 알 수 있습니다. 우리나라는 기기 공급은 두산중공업이 별도로 수행하고 종합설계사가 원자로 계통설계 조직을 흡수하여 배치설계와 함께 원자로 계통설계만 수행하는 까닭에 기술적 측면보다 갑을관계가 중시되어 비효율적으로 운영되며, 한수원의 독점적 지위로 인해 비리가 발생할 소지가 큽니다. 이는 결국 2009년 UAE 원전 수출 이후 원전 품질서류 위·변조와 비리가 전국적인 문제로 떠오르는 계기가 됩니다.

기기 공급과 관련해서는 두산중공업이 원자로 주기기와 터빈발전기 그리고 안전성 기기를 대부분 공급·조달

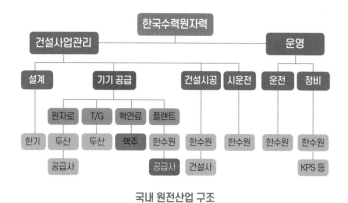

국내 원전산업 구조

합니다. 두산중공업은 제작설계만 수행하므로 원전의 안전과 인허가에 직접 관련된 원자로 계통설계에 대한 지식이 취약합니다. 이 부문은 설계사인 한전기술의 원자로설계개발단에서 수행합니다.

원자로 관련 설계문서와 기술시방서가 작성되면 두산중공업은 시방서 기술 요건에 따라 제작하여 조달합니다. 주기기인 원자로용기, 원자로냉각재펌프, 증기발생기, 가압기, 주배관, 지지대 등 주요 기기를 제외하고 나머지 압력용기, 열교환기, 펌프, 밸브 및 피팅류, 각종 안전등급 지지대, 안전등급 케이블 및 계측제어기기류 등은 전부 한전기술이 설계·제공한 시방서를 이용해 하청사에 발주하여 조달합니다. 시방서를 직접 작성하지 않고 설계를 수행하지 않은 두산중공업이 한전기술이 작성한 설계시방서를 이용하여 전체 안전등급 기기의 조달업무를 하다보니 두산중공업 하청사와의 기술적 연계에 매우 취약합니다. 두산중공업이 제작사에 공급하는 기술시방서는 두산중공업이 작성한 것이 아니고 계통설계사가 작성한 것이기 때문입니다. 즉, 원전건설에서 주요 기기는 설계자가 직접 구매하는 것이 아니고 구매 대행사인 두산중공업이 자체 제작하는 주기기에 추가로 안전등급 원전기기를 포함하여 조달하는 형태입니다. 설계를 직접 하지 않은 조직이 하청관리를 하게 되니 기술적으로 원활하게 관리되기 어렵습니다. 또한, 공급사슬의 마지막 단계에 해당하는 중소기업(최종 공급사)들은 설계자의 기술지원이 원활하지 않으므로 제작에 상당한 어려움을 겪게 됩니다.

이처럼 우리나라의 원전산업 구조는 설계자가 시공자를 직접 기술적으로 관리·감독하는 구조가 아닙니다. 계통설계를 통해 기기시방서를 작성하지 않은 대기업 관리 조직이 발주자인 한수원과의 계약 관계에 따라 기기 조달을 단순 관리하는, 매우 취약한 구조인 것입니다.

건설 부문에서 한수원이 직접 발주하는 1차 벤더는 현대건설(또는 대우건설) 정도이며 나머지 종합건설사와 대부분의 중소 단일시공사는 현대건설의 하청사로 참여합니다. 현장에서는 한수원이 시공관리를 직접 관장하고, 시공 주관사인 현대건설은 일일이 한수원의 관리 감독을 받습니다. 건설 현장에 가 보면 막상 시공사인 현대건설(또는 대우건설) 직원들은 찾아보기 어렵고 하청사인 중소기업 직원들이 일하는 것을 볼 수 있습니다.

현장에서 발생하는 문제를 해결하려면 현장에서 누군가 설계기술 지원을 해줘야 합니다. 이 경우, 설계사인 한전기술의 직원이 현장에 와서 시공상 문제해결을 위한 기술지원을 하게 되는데, 이 또한 주로 현장만 도는 직원들이 외부 인력지원회사 직원들과 함께 현장에 형식적으로 상주하는 경우가 대부분이라 기술적으로 취약합니다.

안전등급 기기의 현장 설치과정에서 발생하는 문제들과 관련하여 중요한 설계기술 지원은 한전기술 본사에서 항목별로 직접 합니다. 한전기술의 현장 기술지원은 설계사의 업무로서 매우 중요한데, 주로 현장에서 발생하는 시공 관련 도면과 시방서의 불일치 문제 해결, 설계문서 관리, 시공품질 기술지원 등이 있습니다.

이처럼 원전건설 프로젝트의 발주처는 한수원이지만, 건설 주관은 현대건설이 맡고, 기기 공급 주관은 두산중공업이 맡고, 일부 보조기기(변압기, 차단기 등)만 한수원이 직접 발주합니다. 여기서 설계사인 한전기술은 구매권이 없는 단순 설계자로 권한이 축소되어 제작, 시공에 단순 기술지원 형태로 참여하고 인건비를 받는 용역사인 것입니다. 즉, 기술의 역할은 매우 축소되어 전반적으로 기술 중심으로 관리되는 것이 아니고 계약적으로 관리를 위한 관료화만 강해지는 취약점이 있습니다.

UAE 원전 수출

원자력연구원 중심으로 핵연료와 원자로 관련 국산화 기술개발이 꾸준히 추진되던 중 2009년 12월, 20조 원에 달하는 UAE 원전 수출이 성사되었습니다. 국내 원자력계뿐만 아니라 국내 산업계 전체가 단군 이래 최대사업이라며 흥분으로 들끓었습니다. 원자력 관련 주식시장에서 한전기술은 2009년 12월 액면가 주당 200원으로 상장되어 불과 3개월 만에 14만 2,000원까지 급등하였으며, 다른 원전 관련 주식도 마찬가지였습니다. 그야말로 원자력의 시대를 알리는 신호탄이었습니다.

사실 2008년 2월 중도실용주의 노선을 내세우며 정권을 잡은 이명박 대통령은 현대건설 신화를 일군 주역이라해서 많은 사람이 '국가 경제 재건' 하면 떠올리는 박정희 대통령의 분신으로 여겼습니다. 그만큼 정권 출범 당시 국민들의 기대감이 높았습니다. 하지만 곧바로 광우병 사태로 촛불시위가 연일 벌어졌고, 금강산 관광객 피살사건, 용산 철거 현장 참사, 노무현 전 대통령 서거, 쌍용자동차 사태, 김대중 전 대통령 서거, 대청해전, 롯데월드타워 건축허가 등 굵직한 사건들이 연이어 발생하면서 국정

장악력이 상당히 떨어진 상황이었습니다. 이에 20조 원의 UAE 원전 수출은 극적 반전을 기대할 수 있는 대형 호재가 아닐 수 없었습니다. 사실 이는 이명박 대통령이 현대건설을 경영하며 닦아 놓은 인적 네트워크가 크게 작용한 결과라는 평가지만, 실제 수출 금액은 사실상 덤핑에 가까웠습니다. 그래도 20조 원이라는 수주액 자체는 우리나라 건설 역사상 최대규모였습니다.

이명박 대통령은 이에 고무되어 원전 수출을 적극적으로 추진하기로 했습니다. 당시 최경환 지식경제부 장관은 UAE에 원전을 수출한 이날을 '원자력의 날'로 정하고 원전 수출 산업화전략을 수립했습니다. 2012년까지 원전 10기, 2030년까지 원전 80기를 수출한다는 야심 찬 목표를 내걸고 5,000억 원의 R&D 자금을 투입해 기술 자립이 미진했던 기기와 소프트웨어의 기술개발에 착수했습니다. 또한 UAE 원전에 투입할 인력 2,500명을 확보하는 계획을 세우고 석·박사 양성을 위한 한국전력국제원자력대학원대학교KINGS도 조기 개교했습니다. 또 10개의 원전 특성화대학을 지정하는 야심 찬 인력양성대책도 추진했습니다. 이렇듯 의욕적인 목표는 국민적 관심을 불러 모으기에 충분했습니다.

사실 우리나라 원자력 분야 인력은 극소수 정예 방식으로 소수 대학에서만 배출되던 상황이었습니다. 1958년 국내 처음으로 원자력공학과를 개설한 대학은 한양대였으며, 서울대는 이듬해에 개설하였습니다. 이후 1978년 고리 1호기를 가동한 이후 수요가 증가하기 시작해 경희대, 한국과학기술원KAIST, 조선대, 제주대에서 꾸준히 인력을 배출하였습니다. 1990년대에는 위덕대, 동국대, 울산과학기술원UNIST이 학과를 개설해 졸업생을 배출하기 시작하였습니다.

그러다 2009년 UAE 원전 수출 이후 급격하게 늘기 시작해 부산대, 경북대, 세종대, 포항공대, 영남대에 학과가 개설되었고, 2012년에는 한국전력국제원자력대학원대학교가 전문대학원 과정을 열었습니다. 그리고 2013년 중앙대가 원자력공학 강의를 시작했습니다. 이렇듯 학과 증설에 따른 교수진과 학생의 폭발적인 증가는 UAE 원전 수출에 따른 인력양성의 일환이었습니다. 당장 2012년까지 10기를 추가로 수출해야 하니 인력이 상당히 부족한 상황이었기 때문입니다. UAE 원전 4기 건설에 투입된 인력은, 국내 건설 시운전에 운영인력이 대략 2,500명 정도 상주한다고 보면, 용량을 기준으로 볼 때 한수원 전체 인력의 1/5에 해당합니다. 한수원의 원전이 당시 24기가 가동되고 있었으니 대략 인력 배분으로 보아도 그렇습니다.

결국 한수원의 경우, 신입직원은 국내 발전소에 배치하고, 숙련된 중견급 고급인력은 UAE 원전에 배치하면서 국내 원전 운영 기술 인력의 공백이 우려되는 수준에 이르렀습니다. 그 대표적인 사례가 2019년 한빛 1호기 출력 급증 사고입니다. 당시 운전원이 재가동 전 제어봉에 의한 출력제어 능력 시험을 위해 제어봉을 들어 올리는 과정에서 출력이 급증하는 사고가 발생했는데, 이는 운전원의 계산 실수로 제어봉을 너무 많이 뽑아 일어난 사고였습니다. 출력 급증 사고가 일어났는데도 현장에서 평생 품질 관련 업무만 하던 발전소장이 10시간이 넘도록 원자력안전위원회에 보고도 하지 않고 발전소를 정지시키지도 않아서 규정 위반 문제로 확대되어 원안위가 특별사법경찰까지 파견하여 조사하기도 했습니다. 발전소장의 중차대한 임무를 생각해보면, 실제 정비나 운전을 해보지 않고 평생 품질업무만 수행한 경력자를 발전소장에 임명하는 한수원의 안이한 태도도 문제입니다.

이러한 인력 공백은 유경험 인력의 일시적 공백을 발생시킵니다. UAE 원전 수출로 매출이 급증하고 이에 따라

인력수급 문제가 발생하는 것은 일반적인 현상이며, 추가 수주가 없더라도 인력·장비·시설을 유지하기 위해 평소에도 예산이 수반되는 원전건설 사업의 특징입니다. 즉, 꾸준하게 수주가 이루어진다면 별문제 없이 지속 가능한 사업이 될 수 있지만 대규모 매출이 수반되는 계약이 간헐적으로 이루어지는 경우 인력과 장비의 수급 조절에 문제를 일으키게 되어 건설 품질에 심각한 영향을 미치게 됩니다.

원자력 산업계는 UAE 원전 수출에 따라 2012년까지 10기, 2030년까지 80기의 원전 수출이 성사될 것으로 예상하였습니다. 따라서 원활한 인력수급을 위해 여러 대학에 학과를 개설하였고 이에 따라 졸업생도 상당히 많이 배출하게 됩니다. 다음 표에서 재학생 수의 증가 추세를 확인할 수 있습니다.

2009년 UAE 원전 수출 이후 2021년까지 재학생 수는 3배 이상, 교수진은 2배 이상 증가하였습니다. 원자력공학 관련 학과를 개설한 학교 또한 7개에서 18개로 급증하였습니다. 하지만 실제 2009년 UAE 원전 수출 이후 현재까지 단 1기의 수출도 성사시키지 못하였습니다. 이로써 우리나라 원자력계는 교수진과 졸업생의 과잉 배출

구분	대학	학과	재학생				교수진			
			2009년	2012년	2017년	2021년	2009년	2012년	2017년	2021년
			609	992	2,556	2,165	54	92	135	129
원자력 전공	한양대	원자력공학과	141	117	234	192	7	8	6	9
	서울대	원자핵공학과	127	146	233	194	11	12	14	13
	경희대	원자력공학과	108	120	51	241	5	9	10	9
	KAIST	원자력양자공	20	58	302	236	12	16	16	15
	조선대	원자력공학과	108	211	270	162	6	6	6	11
	세종대	양자원자력공	-	-	62	97	-	-	6	5
	전북대	양자시스템공	-	-	51	81	-	-	4	6
원자력 연계 전공	제주대	기계메카에너지	55	71	109	111	7	7	6	5
	위덕대	에너지원전제어	-	-	51	26	-	-	3	1
	동국대	에너지전기공	50	148	285	222	6	8	6	5
	UNIST	기계원자력공	-	67	109	106	-	5	8	10
	부산대	기계원자력공	-	-	186	156	-	2	6	7
	경북대	에너지신재생	-	54	162	82	-	2	5	7
	중앙대	에너지시스템	-	-	61	76	-	-	11	6
	단국대	에너지공학과	-	-	74	72	-	-	1	2
	영남대	기계공학부	-	-	163	-	-	-	4	-
원자력 대학원	포항공대	첨단원자력공	-	-	47	48	-	7	8	8
	KINGS	원자력산업과	-	-	106	63	-	10	15	10

원자력 (연계) 전공 대학 재학생 및 교수진 현황

이 사회적 문제로 대두하게 되었습니다. 하지만 근본적 이유를 성찰하고 대처해야 함에도 '탈원전'과 '탈원전 반대'의 정치적 대결에 몰두하면서 결과적으로 모두 지는 싸움에 올인하고 있습니다.

2009년 원전 수출에 고무된 국내 원자력계는 2011년 3월 후쿠시마 원전 사고와 일본 내 모든 원전 가동 중지, 독일의 탈원전 정책발표로 위기를 맞기도 했습니다. 하지만 원전 수출정책은 국가를 위기에서 구한다는 명분 아래, 이후 탈원전을 내걸고 출범한 문재인 정부에서도 변함없이 추진됐습니다.

이명박 정부는 자원외교를 명분으로 상당 규모의 적자투성이 해외투자까지 감행하였습니다. 하지만 머잖아 실체가 드러나기 시작했습니다. UAE에 28년간 100억 달러의 수출금융을 지원한다는 사실이 2011년 2월 언론을 통해 알려진 것입니다. 또한 나중에 UAE에서 전쟁이 발발하면 우리나라가 자동 개입하는 조항이 계약에 포함된 것으로 알려지면서 논란이 더 커졌습니다. UAE 원전 수출로부터 불과 10여 년 전 우리나라가 IMF 국가부도 사태 때 IMF로부터 빌린 돈이 200억 달러였으니, 그 규모가 어느 정도인지 가늠할 수 있습니다. 이 사실을 알아차린 당시 야당은 불리한 조건의 이면계약으로 원전을 수출했다면서 국정조사를 강력하게 요구했습니다.[4]

---

4 정치권 "UAE 원전 이면계약 국정조사 필요" - 경향신문 2011.2.1.

우리나라의 취약한 금융 조달 능력은 이후 프로젝트 수주에 가장 큰 걸림돌이 됩니다. 2013년을 전후해서 터키와 베트남 입찰에서 일본에 연달아 패했습니다. 시장소멸로 절박해진 일본이 우리보다 월등한 조건의 프로젝트 금융을 제안한 것입니다. 여기에 그해 8월 원전 수출 리베이트로 8,000억 원의 비자금을 조성했다는 의혹[5]이 제기됐고, 마침 원전 부품 품질인증서 위·변조 사건까지 터지면서 복마전으로 얼룩진 원전 사업의 민낯이 드러났습니다. 또한 UAE 수출계약 후 한미원자력협정 개정과 미국의 승인 과정에서 원 설계사인 미국 웨스팅하우스에 로열티[6]로 총 수주액의 4%가 넘는 8억 달러를 지급해야 했습니다. 추가로 원자로 냉각재펌프와 계측제어기기는 웨스팅하우스가, 터빈 제너레이터는 웨스팅하우스 모기업인 도시바가 공급했습니다.

또한 UAE 원전 수출 당시 UAE는 계약조건으로 미국 원자력규제위원회NRC, Nuclear Regulatory Commission의 설계인증을 요구했습니다. 이에 따라 한수원은 2014년 12월 23일

---

5 "원전 리베이트 8,000억 조성됐다" - 시사저널 2013.9.4.

6 [한국 원전 UAE 수출] 세계무대 첫발 내디뎠지만 원천기술 확보 서둘러야 - 한국경제 2009.12.29.

한국형 원전인 APR-1400에 대한 설계인증을 NRC에 요청하였습니다. 인증은 6단계로 추진되었고 최종 승인까지 약 4년 넘게 소요되어 2019년 4월 30일 인증서가 최종 발급되었습니다.[7] 사전 설계검토에만 약 2억 달러가 드는 등 총 5억 달러 정도가 소요된 것으로 추정됩니다.[8] 또한 이를 위해 한전기술과 약 900억 원의 기술용역 계약을 체결하여 UAE 원전 수출과 무관하게 비용이 추가로 지출되었습니다.

이 NRC 승인은 미국의 공식적인 승인으로서 프랑스나 일본도 받지 못하였으니 우리가 세계 최고의 기술력이라고 자랑합니다. 하지만 내용을 들여다보면 미국의 원천설계를 조금 최신화한 정도입니다. 즉, CE형 원전은 미국 NRC가 이미 승인한 설계인데도 UAE가 미국 NRC 승인을 다시 요구함으로써 미국에 추가적인 로열티를 제공한 것으로 생각됩니다. 또한 미국에는 설계적으로 안전성이 우수한 것으로 알려진 웨스팅하우스 AP-1000이 있으므로 미국에 굳이 원전건설을 수출할 이유도 없습니다. 이

---

7 원전 종주국 美, 한국형 원전 세계 최고 안전성 인증 - 헬로디디 2019.5.1.

8 신고리 3호형 설계, 5,000억 들여 미국 기관 인증심사 '실효성 논란' - 경향신문 2015.3.5.

는 마치 프랑스나 러시아를 수출대상국으로 삼는 것과 같은 것입니다 따라서 UAE가 이를 요구한 것은 UAE가 자국의 규제인력이 부족하니 미국 NRC 근무 유경험자를 중심으로 인력을 구성한 것과 무관하지 않은 것으로 보입니다. 이러한 농단을 보면 원천기술이 없어 한미원자력협정에 의해 민감 기술인 핵기술에 대해 감시를 받는 입장에서 '단독 수출'이란 포장이 얼마나 허황한 것인지 확인하게 됩니다.

현재 UAE와 예멘 간에 분쟁이 꾸준히 발생하고 있어 예멘 후티 반군에 의한 미사일 위협이 꾸준히 제기되고 있는 것이 현실입니다.

원전은 국가 최고 보안시설이라는 특수성을 갖기 때문에 원전 건설·운영의 재원을 자체 조달 형태로 추진하면 투자금을 장기간에 걸쳐 회수하는 대형 프로젝트가 되므로 장기간(100년 이상)에 따른 변동성으로 인해 잠재적인 위험 요소가 너무 많습니다. 수십 년에서 100년에 이를 수 있는 투자 회수 기간에 핵 테러나 중대 사고가 발생하면 막대한 피해가 발생합니다. 혹시 이로 인해 국제분쟁이 발생하기라도 하면 UN 상임이사국도 아닌데다 아직 일본 수준의 경제력도 갖추지 못한 우리나라는 자칫 후세에 큰 짐을 떠안길 수 있습니다.

최근 UAE 바라카 원전이 상당한 규모의 정비사업을 국제입찰로 진행했는데, 다들 우리나라에 발주하는 것으로 알고 있는 사업이었습니다. 이를 두고 국내 언론에서는 정부의 탈원전 정책으로 인해 이 사업을 놓친 것으로 많이 보도하였습니다.

하지만 이는 우리나라의 국제분쟁 조정 능력의 한계에 따른 것으로, 일각에서 주장하는 에너지전환 정책과는 무관한 듯합니다. 원전 사업 여건 자체도 악화되고 있습니다. 점점 저렴해지는 재생에너지와 점점 비싸지는 원전 발전원가의 장기적 변동성 그리고 대형 건설사업의 간헐성은 대규모 적자가 날 가능성을 내포하고 있습니다. 전 세계에서 가장 많은 원전을 건설한 웨스팅하우스도 프로젝트의 간헐성에 따른 막대한 적자로 여러 번 주인이 바뀌었다가 2006년 6조 원에 도시바에 인수되었습니다. 자국의 원전 4기 건설 중에 발생한 적자로 고전하다 2022년 초에는 캐나다 투자펀드에 5조 원에 인수되는 것으로 합의되었습니다. 이와 달리 정부가 직접 원전 사업을 추진하는 우리나라는 사업에 적자가 발생하는 경우 부담이 고스란히 국민에게 전가되는 구조입니다. 이처럼 큰 위험을 감수하면서까지 원전 수출을 감행하려는 것은 어떠한 경우라도 설득력이 부족합니다. 앞뒤 따져보지도 않고 원전 수출은 무조건 애국인 양 추진할 일은 아니라는 것입니다.

현재 세계 원전 시장은 중국, 러시아, 인도가 주도하고 있어 수출 가능 지역은 극히 제한적입니다. 일찌감치 재생에너지에 집중하고 있는 유럽에는 신규수요가 거의 없습니다. 영국 무어사이드 원전 사업에서는 경쟁에서 이미 탈락했고, 민감기술을 확보하려는 사우디아라비아와 체코 정도만 남은 상태입니다. 체코는 러시아의 VVER 노형만 6기를 운영하고 있어 러시아를 뿌리치고 한국을 선택할 가능성은 희박합니다. 이런 경우 입찰에 참여하는 것은 가격협상을 위한 들러리에 불과할 뿐입니다. 핵 관련 민감기술 확보에 관심이 많은 사우디아라비아는 미국과 협상하겠다고 합니다. 그런데 우리가 가능성이 거의 없는 20조 원 규모의 사우디 원전 수출에 목매는 동안, 일본 소프트뱅크 손정의 회장은 보란 듯이 200조 원 규모의 태양광사업 양해각서를 체결했습니다. 자금조달 문제 등으로 보류되긴 했지만 이를 통해 규모를 확인할 수 있습니다.

재생에너지와 원전의 수출시장 규모를 비교하는 것은 무의미해졌습니다. 그나마 원전 수출의 한 가지 가능성은 미국 웨스팅하우스가 주도하는 수출에 국제 분업 형태로 참여하는 정도입니다. 2009년 무리하게 원전 수출을 성사시킨 이후 2030년까지 80기를 목표로 야심 찬 수출정책을 추진했지만, 지금까지 수출실적은 0기입니다. 지금도 재생에너지 시장은 날로 커지고 있고, 원전 시장은 쪼그라들고 있습니다. 이 시장에서 과거 정권이 무리하게 원전 수출을 도모한 것은 지지율 반등이라는 정치적 목적과 이에 편승한 자원외교 비리와 같은 부가적 목적 외에 달리 설명되지 않습니다.

그렇다면 앞으로 어떻게 해야 할까요? 지금까지 원전 수출정책으로 방만하게 운영되던 인력과 조직을 당연히 합리적으로 축소 조정해야 합니다. 이를 위해서는 우선 핵심 설계기술 인력과 핵심 기기 공급업체를 관리해야 하고, 원자력과 일반 산업에 적용할 수 있는 기기들에 대해서는 사업전환 등 출구전략을 모색해야 합니다. 핵심 설계인력과 기기 공급자에 대해서는 기술력 보호를 위해 재생에너지 등 비원전 분야에서 경쟁력을 갖출 수 있도록 우선 지원하는 것이 필요합니다. 이를 위해 국내 재생에너지 설비 투자에 이들이 참여하게 하는 방안을 고려할 필요가 있습니다. 세계적으로 유명한 네덜란드 풍력연구소처럼 원전 설계자는 해상풍력발전 설계에 참여하는 것이 가능합니다. 또한 원전 안전밸브와 열교환기, 계측기인 MMIS[9] 등은 비원전 분야에서 얼마든지 적용할 수 있을 것입니다. 이를 위해 핵심역량을 유지하는 전략을 조기에 구축하는 것이 필요합니다. 이러한 공급망은 설계자가 잘 관리할 수 있는데, EPCEngineering, Procurement, Construction 형태의 사업구조가 취약한 우리나라 원자력계는 특히 기술적으로 세심하게 잘 관리해야 합니다.

지금까지 확장일로였던 전국 원자력공학과는 원전 수출이 여의찮아 신입생 지원이 저조한 상황에서 학부 과정을 굳이 운영할 필요가 없습니다. 외국의 경우처럼 에너지공학과 또는 유사 기계공학과에서 일부 다룰 수 있으며, 대학원 과정에서 충분한 연구비를 받고 소수 정예 인력을 양성할 수 있습니다. 주로 원전 플랜트 설계를 위한

---

9 MMIS는 원전계측제어시스템(Man Machine Interface System)을 말한다. 아날로그로 제어하던 방식에서 벗어나 사람(운전원)과 기계(설비)의 연계(Interface)에 인간공학적 디지털 방식을 채택하여 인적오류를 최소화하며, 사람의 실수로 조작되는 경우 저절로 가동이 정지되거나 위험을 방지하는 기능을 갖춘, 원전 상태감시·제어·보호기능이 내장된 원전제어시스템이다.

교과목으로 구성된 원자력공학과는 원자력산업에서 중요한 역할을 하지만 인력 수요가 그리 많지는 않습니다. 하지만 가동 원전의 안전을 위해서는 꾸준한 인력양성이 필요합니다.

가동 원전의 안전 분야 전문인력을 양성하면서 여유 자원을 이용해 원전보다 시장잠재력이 훨씬 큰 방사선 응용 분야의 산업화를 촉진하면 보다 활성화될 것입니다. 실제로 미국은 원전 시장보다 방사선 응용 산업 분야의 시장 규모가 4배나 더 큰 것으로 알려져 있습니다. 우리나라는 오히려 원전산업 규모가 방사선 산업 규모보다 9배나 큽니다.

원자력 산업계는 이제 고급직업과 가치를 창출할 다양한 기회를 적극적으로 모색해야 합니다. 이미 시장 포화 상태의 원전건설과 원전 수출만 계속 고집할 이유가 없습니다. 지금은 과거 정권에서 정치적 목적으로 추진한 원전 수출에 목을 맬 때가 아닙니다. 지속 가능하지도 않고 투자 위험성도 매우 높습니다. 이제라도 냉정하게 원전 시장의 현실과 미래, 에너지 시장의 세계적 추세를 직시해 최적의 출구전략을 찾아야 합니다. 원자력 안전과 함께 지속 가능한 에너지전환의 성공 그리고 원자력산업의 다양성 확장을 위해 모두 지혜를 모아야 합니다. 이러한 방안에 대해서는 뒷장에서 모색해 보기로 합니다.

외국의 원전 사업 추진 사례

한편, 외국 업체의 원전건설 업무 구조를 살펴볼 필요가 있습니다. 저는 해외 엔지니어링사에서 근무한 경험이 있는데, 캐나다원자력공사AECL의 역할을 보면 간단합니다. 설계사인 AECL이 수주해서 설계자가 해당 설계 항목을 설계하고Engineering, 직접 발주Procurement하여 기술적으로 관리하고, 현장 시공Construction에 담당 설계자가 직접 파견 나가 시공이 끝날 때까지 참여합니다. 즉, EPCEngineering, Procurement, Construction 형태의 일괄 수주 형태로 시행하고 있습니다. 우리나라 월성 2·3·4호기 공사는 AECL이 EPC 형태의 일괄 수주 방식으로 진행하였습니다. 1,600명 수준의 AECL에서 설계, 제작 구매, 시공관리를 모두 일괄 처리하므로 매우 효과적입니다. 물론 시종始終 설계자가 핵심 역할을 하여 기술 중심으로 철저하게 관리됨을 알 수 있습니다. 국내 원전건설 사업구조를 EPC 체계로 정리하면 다음 그림과 같습니다.

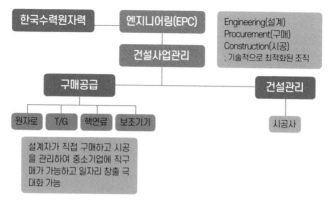

EPC 체계로 정리한 국내 원전건설 사업구조

실제 AECL에서 건설업무에 설계자로 참여해 보니, 일단 저의 담당 분야가 지정됩니다. 그리고 전체 프로젝트 기간에 제가 발행해야 하는 설계문서의 목록과 일정이 주어지고, 참조발전소와 함께 참조설계 문서가 주어집니다. 이어서 개념설계 및 상세설계 단계에서 발주가 가능한 수준의 설계문서를 발행하게 됩니다. 인허가 요건을 반영해 설계문서를 발행하면 구매발주가 이루어지는데, 구매를 위한 품질관리 전문 대행사 NPM Nuclear Project Manager 의 전문적이고 독립적인 기술 검토를 받게 됩니다. 이 회사는 설계사무실 내에 있지만 격실 형태로 분리되어 있습니다. 담당 설계자가 자신이 담당한 분야의 기술견적요청서EQR,

Engineering Quotation Request를 발행하면 NPM을 경유하여 검토를 거치게 되어 있으므로 품질 관점에서 일일이 기술적인 검토가 이루어집니다. EQR에는 상세한 기술시방서와 제작에 필요한 상세 도면이 포함됩니다.

이때 과다한 품질 요건이 적용되었는지 또는 적용요건이 품질기준에 미흡한지 확인하고 건설프로젝트를 원활히 수행하기 위해 조직한 NPM 소속 품질 엔지니어들이 독립적으로 검토하여 의견을 제시하는데, 이들은 수십 년간 설계자로 참여한 베테랑 엔지니어들입니다. 다음 단계에서는 기술견적요청서가 발행되고 해당 유자격 예비공급사에 상세 제작도면과 시방서 등 견적이 가능한 수준의 설계문서를 보내 견적을 받습니다. 예비공급사로부터 기술과 가격이 분리된 서류가 접수되면 기술과 가격, 품질 능력에 대한 검토가 이루어집니다. 설계자는 담당 엔지니어로부터, 설계자가 제시한 기술시방서에 부합되는지 확인하는 기술검토Technical Evaluation of Bid(입찰 기술평가)를 받습니다. 즉, 기술시방서와 도면에서 제시한 요건에 합치되지 못하는 조건이 제시되는 경우 예비공급사의 요청사항들에 대한 기술검토를 통해 수용 가능한지를 판단하며, 수용할 수 없는 경우엔 공급사의 의견을 들을 수도 있습니다. 담당 설계자에 의한 예비공급사 제출문서의 기술검토 결과와 NPM이 평가한 품질능력 평가 결과는 프로젝트 관리부서에서 가격을 포함해 종합 검토하며, 그 결과에 의해 공급사를 최종 선정합니다. 공급사가 결정되고 계약이 이루어진 후 제작과정에서 기술시방서 도면과 불일치 사항이 있을 때는 AECL에 보고하여 기술검토를 받아야 합니다.

담당 엔지니어는 공급사가 발행한 불일치 보고서에 대해 수용 가능 여부를 기술검토 후 결정해야 하는데, 필요시 현장을 방문해 제작사와 기술검토를 할 수 있습니다. 이 경우 불문율이 있는데 반드시 정장을 입고 가야 한다는 것입니다. AECL이 공공기관Crown Company으로서 제작사를 위해 설계자의 전문적 기술을 지원하는 공공성을 가지고 있다는 것입니다. 즉, 제작사 고유의 전문성은 존중하면서 불일치 사항이 설계의 중요한 기술요건에 위배되는지를 검토하여 필요시 기술적인 설명과 함께 결론을 도출하는 것입니다. 물론 해당 기술팀장과 여러 독립검토independent review를 거치지만 최종 결정 권한은 해당 설계문서와 도면을 발행한 담당 엔지니어인 설계자Cognizant Engineer에게 있습니다. 즉, 설계자가 구매하고 시공을 관리하는 체계입니다. 시공 기술지원도 실제 설계를 담당한 설계자가 기술지원을 위해 현장에 파견되어 진행합니다. 즉, 담당했던 설계대로 설치되는지 확인하고, 과정에서 발생하는 문제들에 대해 설계 요건에 부합되는 결정을 내리기 위한 것입니다.

이러한 절차는 기술적으로 최적의 결과를 도출합니다. 즉, 설계자가 직접 제작사와 시공사의 현장을 기술적으로 관리하기 때문에 군더더기가 없습니다.

반면, 우리나라는 설계자가 인건비만 받고 제작과 시공에 책임 있게 참여하지 않습니다. 제작과정에서 품질부서가 품질 관점에서 주로 참여하며, 설계자가 현장에 파견되어 일하는 중요한 기능을 수행하지 않고 설계자의 역할을 현장만 도는 기술인력과 파견인력에 의존하는 경우가 대부분입니다. 안전등급 관련 불일치 사항이 설계자에게 보고되어 조치를 받기는 하지만 이는 현장에서 검사자의 지적을 받았거나 제작사에 의해 자발적으로 직접 보고되는 특별한 경우에 한합니다.

02

한국 원전건설 산업생태계의 특징

대기업이 주관하는 제작공급과 건설시공

한수원은 원전건설을 발주할 때 주기기와 기자재의 제작공급을 두산중공업에 일괄 발주합니다. 중소 제작업체들은 대부분 두산중공업의 하청기업으로 참여합니다. 두산중공업은 제작사인데 원자로용기, 증기발생기, 가압기, 주배관, 원자로냉각재펌프, 주배관 등 주기기에 대한 상세설계 권한이 있을 뿐 다른 압력용기, 펌프, 밸브, 피팅류 등에 대한 설계 권한이 없습니다. 이들을 대부분 하청으로 관리하면서 관리비를 가져가는 거대한 특혜 사업입니다.

두산중공업은 과거 한국중공업 시절 두 차례에 걸친 발

전설비 일원화로 경쟁기업이던 삼성중공업과 현대양행을 제치고 발전소 기자재를 독점적으로 공급해왔습니다. 이후 한국중공업이 두산그룹에 인수되면서 두산중공업으로 사명이 바뀌었습니다. 하지만 결국 재벌기업인 두산중공업이 기자재를 일괄 공급하도록 함으로써 중소기업들은 두산의 하청기업으로 참여하게 되어 결과적으로 대기업에 특혜를 주게 되었습니다. 즉, 설계사도 아닌 두산중공업이 중소기업들로부터 납품받아 공급하는 구조인데, 이 과정에서 하청기업들의 이윤은 원청기업인 두산중공업의 재량에 맡겨지고 있어, 하청기업들의 이윤이 법적으로 보장되지 않습니다.

시공 분야 또한 대부분 현대건설이 주관사로 참여하게 되는데, 현장에 가 보면 현대건설 직원은 몇 명뿐이고 실제로는 하청기업과 재하청기업들이 일하고 있습니다. 따라서 수조 원에 달하는 건설시공 또한 대기업이 중소기업들을 하청으로 관리하게 함으로써 재벌기업에 특혜를 주는 형태입니다. UAE 원전 수출 후 시공사 선정 과정에서 입찰 당일 개찰 시간에 정전이 발생하여 재입찰을 시행하는 웃지 못할 해프닝도 있었습니다. 입찰에 참여할 수 있는 원전 시공 1차 벤더는 당시 현대건설과 대우건설, 둘 뿐이었는데, 이는 담합이 가능한 구조입니다.

또한 보조기기도 한수원이 직접 구매계약을 하는데 이 과정에서도 문제가 많이 발생합니다. 특히 최근에 해결되지 않고 있는 변압기·차단기 공급의 경우 한수원이 발주할 때 입찰에 참여할 수 있는 유자격 업체는 효성중공업과 현대일렉트릭, 2개 사에 불과합니다. 효성중공업은 2013년 원전 품질서류 위·변조 사건으로 직원들이 구속된 업체이며, 현대일렉트릭은 현대중공업에서 분리된 회사로 산업부 차관 출신의 전직 한수원 사장이 사장으로 있어 담합이 가능합니다.

이러한 구조라면 오히려 담합이 이루어지지 않는 것이 이상한데, 국내 사정기관들은 이를 개선하지 않고 그대로 두고 있으니 한수원과 상당히 밀착된 것으로 보입니다. 저는 이와 관련하여 효성에서 퇴직한 공익제보자와 함께 전기요금으로 걷은 국가 돈 수천억 원이 증발했을 것으로 추정되는 문제를 직접 파헤친 적이 있습니다.[10] 하지만 감사원과 검찰, 하다못해 한수원의 감사실도 질의조차 해오지 않았습니다.

---

10 [단독] 설계 변경했다고 최초 계약금 68%까지 웃돈 '수상한 계약' - 부산일보 2022.5.4.

재벌 중심 생태계의 취약점과 관리방안

직접 설계하지 않은 조직이 공급하는 구조는 기술적으로 관리되지 않기 때문에 관료화될 가능성이 큽니다. 또한 관리 중심으로 운영되어 하청 중소기업들은 대기업으로부터 수주하는 과정에서 가격을 제대로 받지 못할 가능성이 매우 큽니다. 따라서 국내 중소기업들은 매우 불리한 사업구조로 되어 있습니다. 특히 설계자의 기술지원도 매우 취약하여, '알아서 처리하는' 과정 중에 불합리한 요소가 개재될 가능성이 큽니다. '설계자 따로, 계약자 따로, 구매자 따로'인 형태로 옥상옥 구조지만 기술적으로 중요한 문제점들이 드러나도 기술 중심 관리체계가 아니기 때문에 드러나지 못할 가능성이 크며, 따라서 비리 또한 개입될 가능성이 큽니다.

이러한 문제를 해결하기 위해서는 구매권을 발전사업자인 한수원이 설계사인 한전기술에 넘겨야 합니다. 이러한 구조적 문제를 해결하지 않고서는 국내 원전건설 과정에서 공급자망을 구성하는 생태계가 취약해질 수밖에 없습니다. 관료화된 한수원이 구매에 간섭하는 문제는 하루빨리 떨쳐내야 합니다. 우리나라처럼 최종 발주처가 되는 발전사업자인 한수원이 직접 구매발주를 하는 사례는 기술 도입국인 미국을 포함한 해외 어디서도 찾을 수 없습니다. 가장 좋은 방법은 한수원이 한전기술에 일괄수주 방식으로 발주하고, 설계사인 한전기술이 국영기업으로서 일자리 창출을 극대화하기 위한 노력을 다하는 것입니다.

원전건설에서 일자리 창출의 극대화는 설계자가 직접 중소기업에 발주하고 중소기업과 기술적인 협업 관계를 유지하며 제작과 시공이 잘 이루어질 수 있도록 기술적으로 통합 관리하는 것입니다. 중소기업이 하청기업으로 들어갈 이유는 어디에도 없습니다. 중소기업에 발주하는 재벌기업은 설계자가 아니므로 하청기업을 기술적으로 잘 관리할 수 있는 것도 아니며, 단순 하청으로 이윤만 챙기는 특혜를 받게 됩니다. 엔지니어링사가 제작 관리를 해야 기술적으로 잘 관리될 수 있습니다. 또한 두산중공업은 제조사이지 설계사가 아닙니다. 현대건설은 시공사이지만 관리만 하고, 주로 일은 중소기업들이 현장에서 다 합니다. 국민의 혈세인 전기요금으로 발주하는 일이라면 일자리 창출의 극대화를 위해 우리나라 특유의 재하청 구조를 없애고 설계자가 직접 중소기업에 발주하여 유기적인 기술적 협업 관계를 통해 일자리 창출을 극대화하는 것이 필요합니다.

　이처럼 설계자가 공급사를 직접 기술적으로 관리하는 것이야말로 원전건설 생태계를 효과적으로 유지하는 방법입니다. 정치적 입장에서 탈원전을 반대하는 논리로 신한울 3·4호기를 건설해야 원전 생태계가 유지된다고 말합니다. 그렇다면 원전 생태계를 유지하기 위해 원전을 계속 건설해야 한다는 말인가요? 이는 원전건설에 대해 전혀 모르는 정치적 수사로서, 말이 안 되는 논리입니다. 선진국은 원전건설 없이도 원전 생태계를 유지합니다. 설계사에서 기술적으로 이를 관리하기 때문에 가능한 것입니다. 상용등급 설비는 산업표준 규격으로 구매가 가능한 것이고, 원자력 품질등급 설비는 원자력 품질절차에 의해 해당 제조사들을 공급망으로 해서 기술적으로 잘 관리하면 됩니다.

　캐나다 노형인 중수로의 경우 제작할 수 있는 상세설계 수준의 도면과 시방서는 설계사인 AECL에서 발행·관리하고 있으며 제작사의 상세한 제작 절차 또한 완전히 파악하고 있습니다. 압력관과 같이 중수로에서만 사용되는 특수 부품과 기기의 경우 해당 제작사가 제작에 필요한 특수설비를 잘 유지할 수 있도록 관리합니다. 특히 중요한 기술 경험 인력도 잘 파악하고 있어 유사시 언제든지 20년 이상 건설이 없어도 최소 비용으로 원전산업 생태계가 유지되고 있는 것입니다. 이는 기술적으로 관리되기 때문입니다. 단순 계약적인 갑을관계로는 공급망을 유지하기 어렵습니다.

따라서 원전산업 생태계 유지를 위해 건설이 계속 진행되어야 한다는 것은 원전 설계·제조·시공의 전 단계를 접해보지 못한 사람들이 주장하는 단순 논리에 불과합니다. 이 논리대로라면 원전건설은 영원히 지속되어야 할 것입니다.

캐나다 AECL이 공급하는 중수로의 특징은 대형 건설사나 대형 기업들을 공급 생태계에서 찾아보기 어렵다는 것입니다. 거의 다 중소기업이며, 매출구조가 큰 기업이 드물게 연 매출 몇천억 원 수준입니다. 설계사가 전문 중소기업과 직접 계약하여 공급받는 구조인데, 전체 원전 설비가 단위 구조로 전문화된 중소기업 직발주가 가능하도록 계통 자체가 세분되어 설계되어 있습니다.

예를 들면 중수로 핵연료 교환기의 경우 가동 중에 원자로 압력관에 결합하여 연료를 교체하고 원자로 압력관 마개를 닫고 나와 저장조로 연결된 핵연료 이송 장치로 사용후핵연료를 배출하는 원격 장치이면서 압력용기입니다. 300℃와 100bar 수준의 고온·고압에서 운전되면서 동시에 사용후핵연료의 고방사선을 견딜 수 있어야 하므로 대부분 유압 및 기구화된 장치로 작동되는 특수장치입니다. 또한 중량물(10톤)이므로 기기 이송 장치 또한 육중하며 지진에 견딜 수 있도록 설계되어 있습니다. 중수로 핵연료 교환기는 한 호기마다 3~4대가 필요한데 대당 100억 원이 넘습니다. 높은 신뢰도가 필요하므로 제작 후 검증을 위한 설비가 필요합니다.

AECL은 탱크와 맞먹는 이 육중한 설비의 제작을 한 기업에 맡기지 않습니다. 헤드, 몸체, 커플링, 볼트, 단조 하우징, 유압장치, 램튜브 등 고정밀 장비를 세분하여 각각 사전에 AECL에 등록된 중소기업 여러 곳에 입찰을 거쳐 발주합니다. 중소기업들이 까다로운 부품들을 가공하고 제작하여 토론토 인근 Sheridan Park에 있는 사무실의 시험실에 인도하면 AECL 설계 담당자와 품질 검수자가 승인한 후 시험실에서 조달된 여러 부품이 조립됩니다. 이후 압력관과 압력관 내부 장치인 마개, 차폐장치, 모의 핵연료가 내장된 시험시설에서 작동시험과 각종 성능시험, 압력 누설시험까지 이루어집니다. 이 시험장치는 중소기업들이 보유하고 유지·관리하기 힘든 장치들인데 AECL이 관리하므로 중소기업들이 직접 관리할 필요가 없습니다. 우리나라 같으면 설계하지도 않은 두산중공업에 공급을 맡기고 납품 관리만 하는 수준으로 진행될 가능성이 큽니다.

　이처럼 원자로부터 터빈 기기까지 모든 기기를 중소기업들에 발주하고, 엄격하게 품질확인을 거친 제품이 발전소 건설 현장으로 들어오면 이를 조립하여 제 성능이 나오도록 종합 관리하게 됩니다. 이때 기기 설계자가 AECL에서 직접 현장에 파견되어 기술적으로 관리하게 됩니다. 건설에 해당하는 시공 분야도 세분하여 해당 전문기관인 중소기업에 직접 발주, 관리합니다. 보통 현장에 파견되는 기술자들은 상당한 고경력자로서, 회사에서 인정받는 고급 엔지니어들입니다. 신규로 입사한 직원들에게는 경력이 어느 정도 쌓일 때까지 현장 기술관리 업무를 맡기지 않습니다. 우리나라는 설계자인 한전기술 설계 실무자들이 현장에 파견되는 경우가 드물고, 시공 업무만 수행하는 중급 기술자들이 파견되어 외부 기술인력과 함께 기술관리 업무를 수행합니다. 현장의 기술적인 품질관리에 매우 취약하고 아쉬운 상황입니다.

이렇게 AECL이 중소기업들에 직발주하는 것은 공공기관Crown Company으로서 세계 유일의 원자로인 중수로 기술을 유지 보전하고 수출을 통해 국내에 일자리 창출을 극대화하기 위한 것입니다. 이를 위해서는 설계 기술자가 직접 중소기업들에 발주, 구매하고 현장에서 시공을 관리하는 설계자이자 엔지니어로서의 역할을 해야 하는 것입니다.

중소기업이 직접 참여하는 경우 일자리 창출 효과가 가장 큽니다. 예를 들면 대기업에 10억 원 사업을 발주하면 직원을 한 명 채용하지만, 중소기업에 10억 원 사업을 발주하면 박사급 고급인력 10명을 채용할 수 있습니다. 또한 설계자가 직접 중소기업과 기술적으로 소통하면서 중소기업의 기술력 향상에 기여할 수 있으므로 전체 프로젝트를 효과적으로 수행할 수 있습니다. 국내 시장은 중소기업들이 잘 성장할 수 있도록 엔지니어링사가 직발주하고, 재벌기업들은 수출에 주력하여 중소기업들과 해외에 동반 진출할 때 동반성장이 가능하다고 봅니다. 중소기업이 취약한 상태로는 대기업의 해외 진출도 어렵다고 볼 수 있기 때문입니다.

이러한 관점에서 우리나라 원전산업 구조와 해외 원전

산업 구조를 비교하면, 해외에서는 대부분 엔지니어링 기술 중심으로 일이 추진되지만 우리나라는 대기업이 주도적으로 참여하여 중소기업과 발주처 사이에서 설계자도 아니면서 중간 관리 역할만 수행하는 불합리하고 비효율적인 구조로 진행됨을 알 수 있습니다. 이는 최초로 국산화를 추진하는 과정에서 기능을 기관별로 나누어 시행하다 보니 그렇게 된 것입니다. 엔지니어링은 한전기술이, 핵연료는 한전연료가, 정비는 한전KPS가, 제작은 두산중공업이, 연구는 원자력연구원이, 발전소 운영은 한국수력원자력이 맡는 식입니다. 한수원이 최종 발주자인 까닭에 엔지니어링 조직은 설계인력을 공급하는 수준으로 단순 하청 형식으로 구매권을 가진 발주처 한수원을 기술 지원하는 형태입니다. 엔지니어링의 고유 기능이 제대로 발휘되지 못하고 있습니다. 이러한 관료화된 불합리한 구조를 엔지니어링 기술 중심 구조로 개선하지 않으면 각종 비리에 얽히고 안전이 소홀하게 다뤄질 가능성이 큽니다. 이와 함께 상업적으로도 원전산업의 존립 가능성이 취약하다고 단언할 수 있습니다.

무엇을 위한 원전 생태계인가?

2017년 5월 탈원전 에너지전환의 기치를 내건 문재인 정부가 들어섰습니다. 당시 건설이 진행 중이던 신고리 5·6호기는 건설 중단 여부에 대해 국민적 논의과정을 거쳤고, 건설을 계속하게 됩니다. 따라서 문재인 정부의 탈원전 정책은, 운영 허가 기간이 종료되는 원전부터 폐로에 들어가서 60년 수명을 평가하여 운영 허가를 획득하는 신고리 5·6호기가 가동을 시작해 60년 가동이 종료되는 2080년대 중반까지 국내 원전이 지속적으로 가동함을 의미합니다.

문재인 정부가 내건 탈원전은 결과적으로 점진 축소형 탈원전 정책이었습니다. 이것은 어찌 보면 원자력 분야 종사자들과 산업계가 에너지전환을 위한 시간을 충분히 확보하고 무리하지 않게 연착륙할 수 있도록 하기 위한 것이었습니다.

탈원전을 내건 문재인 정권 초기의 일입니다. UAE 원전 수출 문제가 탈원전 정책에 제동을 걸었습니다. UAE 고위층에서 항의가 들어 왔다고 합니다. 원전을 수출해 놓고 한국이 탈원전으로 전환하면 UAE는 어쩌란 말이냐는 것입니다. 계약조건이 철저하게 비밀에 부쳐져서 상세한 조건은 알 수 없으나 군을 파견하는 문제가 포함되어 우리나라 군대가 파견되어 상주하고 있다고 합니다.

UAE 원전 수출에는 이명박 전 대통령이 가장 크게 기여한 것으로 보입니다. 취임한 뒤 연일 광우병 문제로 시끄러워 국정을 제대로 펼치기 어려운 상황이었는데 20조 원에 달하는 UAE 원전 수출이 돌파구가 될 수 있었기 때문에 또한 적극적이었던 것입니다. 이명박 전 대통령은 현대건설에 있을 당시 중동 건설에 참여하며 오랜 기간 쌓은 인맥으로 UAE 고위층과 관계가 좋았으며, 막바지 협상 과정에서 한국 정부의 전폭적인 지원을 약속했다고 합니다. 이로 인해 이미 신뢰하던 이명박 대통령과 한국의 원전을 더 신뢰하게 되었다고 합니다. 당시 입찰에 참여한 한국은 절박한 심정으로, 경쟁상대인 프랑스가 써낸 가격의 절반에 해당하는 거의 덤핑수준의 가격을 써냈다고 합니다. 4기의 1,400MW 원전은 국내 건설 가격도 20조 원에 육박하는데 중동에 수출하는 금액이 20조 원이라고 하면 덤핑수준이 맞습니다. 처음 수출하는 것이라 당장 이윤을 내는 것보다 일단 수주하는 것이 중요했다고 주장하지만, 실제로는 거대 수출계약 성사를 계기로 이명박 대통령 개인의 정치적 돌파구를 마련하는 것이 더 중시된 것으로 판단됩니다.

UAE 원전 수출은 결국 시공과정에서 안전밸브 문제와 격납용기 공극 발생 등의 문제로 공기가 수년간 지연되기도 해서 상당한 적자를 봤을 것으로 추정됩니다. 운전 정비를 위한 추가 계약이 있어서 어느 정도 만회가 가능한 것으로 판단할 수 있으나 이 또한 호락호락하지 않습니다. 건설계약 당시 10~15년의 장기로 정비 일체를 발주하는 수조 원의 정비계약을 예상하였으나, 5년의 단기계약에다 나와에너지Nawah Energy Company의 하청으로 참여하며 계약금도 1조 원을 넘지 못하는 수준으로 계약되었다고 합니다.

이 문제를 두고, 이명박 대통령이 전폭 지원하기로 약속했으나 문재인 탈원전 정부가 들어서면서 자체적으로 핵기술 보유가 어려워질 것으로 판단한 UAE가 방침을 바꾼 것이라는 추측과 논란이 논란이 있었습니다. 하지만 장기계약으로 예상되었는데 UAE에서 장기계약을 체결하지 않은 것은 한국과 관련된 국제 상황이 자주 변동되는 것을 고려한 것으로 풀이됩니다.

이처럼 탈원전 문재인 정부에서 UAE 문제가 해결되었

지만, 탈원전 정책이 하나의 정치적 이슈가 되어 지속적으로 문제가 제기되었습니다. 그중 하나가 문재인 정부 들어서 중단한 신한울 3·4호기의 건설 문제입니다. 이는 원전 수출을 위한 원전 생태계를 망가뜨리고 있다는 '탈원전 책임론'과 맥을 같이합니다.

산업통상자원부는 2021년 2월 22일, 22차 에너지위원회에서 신한울 3·4호기 공사계획 인가 기간을 2023년 12월까지 연장하는 안건을 통과시킵니다. 이에 대해 산업통상자원부는 "발전사업자인 한수원은 에너지전환 정책에 따라 신한울 3·4호기 사업추진이 어려운 상황에서 사업허가가 취소되면 향후 2년간 신규 발전사업 참여가 제한되므로 비용 보전 관련 법령 등 제도 마련 시까지 사업허가 유지가 필요함을 사유로 공사계획 인가 기간 연장을 신청(21.1.8.)하였다"라고 설명하였습니다.

이러한 결정 이후 2022년 3월 대선으로 정권이 바뀌면서 '건설' 쪽으로 방향이 굳어지기 시작했고, 인수위는 결국 신한울 3·4호기의 건설을 추진하는 것으로 발표하였습니다. 이러한 상황을 보면, 일단 인가 기간을 연장하여 정권교체 여부와 건설 추진 여부를 보자는 것이었다고 생각됩니다. 윤석열 정권은 신한울 3·4호기 공사를 공론화를 거치지 않고 진행할 예정이며, 이로 인해 시민사회와 상당한 마찰을 빚을 것으로 예상됩니다.

그렇다면 이렇게 무리하게 원전건설을 강행하는 이유는 무엇일까요? 표면적으로는 원전 생태계 유지를 위해 원전건설이 필요하다고 주장합니다. 세계 최고의 원전건설 실적을 통해 구축한 원전 생태계가 탈원전으로 완전히 망가졌다는 것입니다. 이러한 논리를 펴는 기사들이 하루에도 무수히 쏟아지고 있습니다. 대표적인 기사 몇 가지를 살펴보겠습니다.

우선 2022년 1월 8일자 조선일보 조재희 기자의 기사 "탈원전 쓰나미 5년… 부품 기업 공장 자리엔 잡초만 무성"을 보겠습니다. 이는 '탈원전 5년, 무너진 60년 원전산업'이라는 기획물의 上 편입니다. 이 기사는 탈원전 정책으로 중소기업들이 망해가는 모습을 다루고 있습니다. 기사는 다음과 같은 내용으로 시작합니다.

지난달 16일 부산 강서구 지사과학단지에 있는 원자력발전 부품업체 D사. 이 회사 사장은 전날 통화에서 "직원들 다 정리하고, 사업에서 손 뗐다. 더 할 말도 없고, 여기 내려와 봐 볼 것도 없다"라고 했다. 그의 말처럼 건물 외벽엔 큼지막하게 D사 간판이 붙어 있지만 정작 사무실 입구에는 '수출포장목재건조기' '화목보일러' '목공기계' 등 원전原電과 상관없는 간판이 붙어 있었다. D사는 2000년대 초부터 두산중공업에 주기기 부품을 납품할 정도로 원전 부품 분야에서 강소 기업으로 꼽혔지만 이젠 흔적을 거의 찾을 수 없었다.

이 회사는 익명으로 처리되어 어떤 회사인지 알 수 없으나 기계 부품을 가공하는 회사로 판단됩니다. 부산 강서구에 있으며, 두산중공업에 주기기 부품을 납품하는 업체로 소개하고 있습니다. 하지만 두산중공업은 주기기를 통째로 외주로 돌리지 않습니다. 왜냐면 거대한 주기기는 대부분 주조와 단조 시설이 필요하며 가공 기계 또한 대형이므로 중소기업들은 이러한 시설을 갖추지 못하기 때문에 주기기를 발주하지 않고 여기에 들어가는 일부 부품의 경우 외주로 발주하여 조립하거나 붙일 수 있습니다. 이러한 일부 부품은 수량 면에서 수익을 보장할 정도로 많이 발생하지 않습니다. 오히려 D사는 포장목재건조기, 화목보일러, 목공기계 등 원전과 상관없는 기계를 생산하고 있는데, 사업이 원활하지 않은 것을 탈원전 탓으로 돌리고 있는 것입니다. 보일러, 건조기 등 취급품목은 수량에서 보다 많이 판매가 가능하지만, 시장이 활성화되지 않았거나 활성화되었다고 해도 시장진입에 실패한 것이 사업실패의 주된 이유로 보입니다. 어느 기업이나 사업다 각화를 위한 포트폴리오는 기업의 사활을 걸고 모색해야 하며 특히 매출 변동이 심한 원자력 분야는 이에 대비하여 세심한 노력이 필요합니다. 또한 기사에는 다음과 같은 내용도 있습니다.

경남 창원 마산합포구에 있는 원전 부품업체 S사는 탈원전 전인 2016년만 해도 전체 매출의 80%를 원전이 차지했다. 하지만 이 날 찾은 800평 규모 공장 안에 원전 부품은 하나도 없었다. S사 가 생산 시설을 늘리려 분양받은 2공장 터엔 잡초만 무성했다. S 사 이사는 "올 초 신고리 6호기에 납품한 뒤로 원전 매출은 영(0)" 이라고 말했다. 그는 "그동안 원전 전문 업체라는 자부심이 있었 지만, 이제는 명함에서도 원전을 뺐다"라고 말했다.

이 회사 또한 부품업체로서 어떤 부품을 생산하는지 분명하지 않지만, 임가공이 주종인 것으로 보이며, 2016년 전체 매출의 80%를 원전이 차지했다고 합니다. 이러한 임가공업은 매출이 발주처에 종속되는 것이 특징인데, 원전 부품을 생산하는 회사는 가장 까다롭다고 하는 원자력 품질 체계를 완벽하게 갖추어야 하며 기술 능력 또한 인정받아야 수주를 할 수 있습니다. 사실 원전 부품 매출이 회사 매출의 80%를 차지할 정도라면 우수한 기술력이 인정되므로 다른 사업 분야에 진출하기 쉽습니다. 포트폴리오를 유리하게 잘 구축할 수 있는 것입니다. 다시 말해 원자력 분야에서 인정받는 가공업체라면 다른 분야로 전환하더라도 우수한 제품을 가공할 수 있어 상당히 유리하며 특히 기술력이 지배하는 생산 분야라면 전망이 상당히 밝다고 할 수 있습니다.

하지만 두산중공업처럼 매출·영업이익이 들쭉날쭉한 발주처에 매출을 80%까지 의존하면 중소기업에는 유동성 위기가 올 수 있습니다. 특히 2016년은 UAE 원전 사업에 의한 발주물량이 정점에 다다른 시점이고 2020년에는 UAE 발주물량이 끝난 상태이기 때문에 과다한 물량을 두산중공업에 의존하면 중소기업은 유동성 위기에 직면할 수 있습니다. 두산중공업 같은 대기업은 기업자금 조달에 유리하지만, 매출이 급격히 떨어진 중소기업은 기업자금이 경색될 수 있습니다. 특히 2016년에 매출이 급상승할 때 이런 경향이 계속될 것으로 전망하고 대규모로 투자해 공장까지 늘린 기업은 매우 치명적일 것입니다. 제작업체들은 이를 간파하고 알아서 포트폴리오를 구성하고 있지만, 원전 신규 건설이 축소되는 과정에서 공장을 늘린 것은 다른 사업을 추진하기 위한 것이 아니었나 싶습니다. 또한 해당 기사는 다음과 같은 내용으로 이어집니다.

문재인 정부의 탈원전 정책으로 산업생태계를 구성해왔던 중소 부품사들이 줄줄이 문을 닫으면서 세계 최고 기술력을 자랑하던 한국 원전은 붕괴 직전에 놓였다. 국내 최대 원전 기업인 두산중공업의 원전 관련 신규 계약은 2016년 2,786건에 달했지만, 2020년에는 1,172건으로 절반에 못 미쳤다. 두산과 납품 계약을 맺은 협력업체도 320곳에서 227곳으로 급감했다. 원전 공기업의 한 임원은 "5년짜리 정권이 60년 쌓아 올린 공든 탑을 무너뜨렸다"라며 "정권이 바뀌고 원전 시동을 다시 건다고 해도 산업생태계를 되살리는 데는 상당한 시간이 걸릴 것"이라고 했다.

이 내용은, 다음 그림(두산중공업 10년간 실적 추이)에서도 나타나고 있지만, 두산중공업의 매출·영업이익이 전적으로 들쭉날쭉한 구조임을 보여줍니다. 사실 어떤 사업이든 작게라도 매년 꾸준히 일정하게 매출이 오르는 사업이 안정된 사업, 지속 가능한 사업이라고 말할 수 있습니다. 어느 날 벼락 매출이 발생하고 상당 기간 매출이 없는 사업이라면 유동성이 취약한 중소기업에는 위험한 사업이므로 유의해야 합니다. 이처럼 한 해가 멀다 하고 천당과 지옥을 오가는 매출·영업이익 구조를 갖는 발주처에 과다하게 매출을 의존하는 중소 하청기업들은 사업을 유지하기 매우 힘듭니다.

2009년에 20조 원의 수출실적을 올렸지만 현재까지 추가 수출이 전혀 이루어지지 않았는데 중소기업들이 언제까지 불투명한 미래를 보고 마냥 기다리고 있어야 할까요? 앞의 사례에서 보았듯이 이런 기업에 매출을 과다하게 의존하는 경우 치명상을 입기 쉽고 결과에 따라서는 기업회생 자체가 힘든 상태가 될 수도 있습니다.

지난 2010년 당시 지식경제부는 이명박 대통령에게 "2012년까지 원전 10기를, 2030년까지 80기를 수출"하겠다고 보고했습니다. 2020년까지 꾸준히 10기 수출계약만 성사시켰어도 이런 문제는 발생하지 않았을 것입니다.

2009년 UAE 수출 이후 현재까지 한 건도 수출하지 못한 사실은 원전 수출이 지속 가능하지 않다는 것을 말한

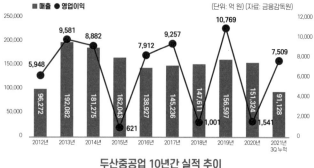

■ 매출 ● 영업이익   (단위: 억 원) (자료: 금융감독원)

두산중공업 10년간 실적 추이

다고 볼 수 있습니다. 하지만 이 문제를 엉뚱하게도 문재인 정부의 탈원전 탓으로 모두 돌리는 모습입니다. 실제로 정부가 튀르키예와 영국에서 원전을 수주하기 위해 상당히 노력했지만 결국 철수한 것은 그만큼 사업의 위험성을 고려했기 때문입니다. 탈원전 정책보다 이러한 원전 사업의 근본적 문제를 외면하고 있는 것이며, 단순히 정치적 목적에 불과한 것으로 보입니다. 다시 말하면 원전 사업은 지속 가능한 사업이라고 볼 수 없지만 일단 계약이 이루어지면 그 규모가 매우 크기 때문에 '한탕' 하기에 딱 좋은 사업입니다. 이처럼 사업적인 이해에 빠져 지속 가능하다고 정치적으로 호도하는 바람에 대규모로 투자한 중소기업들은 결국 망하게 되고, 나아가 이러한 산업 생태계를 무리하게 유지하다 수출이 안 되면 국가 경제까지 망가뜨리게 됩니다.

앞의 조선일보 기사는 이어서 신용 불량자의 사례를 듭니다.

박현철 씨는 창원에서 원전 부품사 두 곳을 운영했다. 원전 셸 shell(원자로 내부 구조물) 가공 분야에서 세계적 기술력을 인정받아 두산중공업뿐 아니라 일본 도시바나 GE에도 납품했다. 박 씨는 2016년 600억 원을 투자해 2만 평 규모의 가포 공장을 세웠지만 탈원전 이후 자금난을 견디지 못해 2018년 법정 관리에 들어갔다. 그는 결국 이 공장을 조선 기자재 업체에 매각했다. 인근에 있는 봉암 공장도 2020년부터 1년 동안 기업 회생 절차를 거쳐 반도체 장비 업체에 매각했다. 그사이 직원 350여 명은 뿔뿔이 흩어졌고, 박 씨는 신용 불량자가 됐다.

본문에서 말하는 원전 셸은 원전 내부 구조물 중 상당한 정밀도를 요하는 얇은 판형 구조물입니다. 상당히 긴 원통형 구조물과 짧은 원통형 구조물이 있는데 타공하거나 치수 공차를 맞추기 어려운 구조물인데 이를 중소기업에 발주했다는 것이 의아합니다. 하지만 도시바나 GE에 수출할 정도의 기술력이 있다면 굳이 한국 물량이 없는 것만 탓할 일이 아니고 GE나 도시바의 물량도 함께 탓할 일입니다. 이처럼 서방국의 원전건설은 대폭 줄어들어 물량이 고갈되고 있습니다. 또한 원전부품 가공 기술이 우수한 기업이라면 포트폴리오를 합리적으로 구성하는 게 유리하다고 볼 수 있습니다. 즉, 원자력 시장에 과도하게 의존할 필요 없이 다양한 사업 분야로 진출할 수 있습니다.

조선일보 기사에서 주장하는 내용은 탈원전 정책으로 발주물량이 감소해 중소기업들이 기근에 시달리고 있으며, 결국 신한울 3·4호기를 건설해야 기술 인력과 인프라를 유지하고 최소한의 원자력 기술 기반을 유지할 수 있다는 것입니다.

여기서 한 가지 의문이 들 수밖에 없습니다. 우리나라 원전산업 생태계를 유지하기 위해서는 원전을 계속 건설할 수밖에 없다는 논리가 되기 때문입니다. 그렇다면 과연 무엇 때문에 그래야 하는 것일까요? 원전 수출을 위해 원전산업 생태계를 유지해야 한다면 UAE 원전 수출 이후 수출이 한 건도 성사되지 못한 것은 어떻게 설명해야 할까요? 만약 2017년부터 탈원전 정부가 들어서서 그렇다면, 적어도 2016년 이전까지 최소한 20~30기의 수출은 성사되었어야 하지 않을까요? 하지만 원자력계는 수출 실패의 원인을 의도적으로 문재인 정부와 탈원전 탓으로만 돌리고 있습니다. 하지만 사실은 세계 원전건설 시장이 이미 고갈된 상태이기 때문입니다.

이처럼 탈원전을 탓하는 논리는 특히 조선일보가 집중적으로 반복해서 기사화하고 있습니다. 실제 2012년부터 들쭉날쭉한 두산중공업의 매출·영업이익은 에너지 시장의 특징이기도 하며, 사업이 지속 가능하지 않아 하청 중소기업들의 생존에 매우 위협적인 사업구조라고 볼 수 있습니다. 하지만 정치권에서는 연일 탈원전 탓으로 돌리고 있습니다.

특히 조선일보는 국내 업체의 사례를 들어 탈원전 탓에 원전 생태계가 파괴되고 중소기업들이 도산하고 있다며 반복적으로 기사를 내보내고 있습니다.

2022년 4월 22일자 조선비즈 이윤정 기자의 기사 "[탈원전 5년]① 오늘도 두 명 해고… 원전 협력업체의 눈물"에서도 매출과 고용인력을 문재인 정부 출범 직전인 2016년과 탈원전 정부 4년째 되는 해인 2020년과 비교하여 둘 다 감소한 점을 강조하며 탈원전 때문에 발생한 문제라고 지적합니다. 그러면서 이러한 매출구조의 변화는 결국 원전 생태계 파괴의 증거라고 주장하는 것입니다.

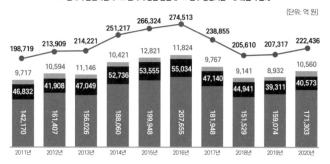

| | 원자력 발전사업자 | 원자력 공급 산업체 | 연구 공공기관 | 매출액 합계 |

(단위: 억 원)

국내 원자력산업의 10년간 매출 추이

이에 따라 국내 원자력 발전산업의 매출 규모를 확인할 필요가 있습니다. 한국원자력산업협회는 매년 원자력산업 실태조사 자료를 공개하고 있는데 이 자료를 보면 다음과 같은 매출 패턴을 보이는 것을 알 수 있습니다. 이 자료에 따르면 2014~2016년 사이에 유독 매출이 증가합니다. 이는 국내 원자력산업 전체의 매출 규모로 볼 수 있지만 원자력 공급 산업체와 원자력 발전사업자 모두 같은 모양새를 보이고 있음을 알 수 있습니다. 또한, 2011년을 기준으로 2012년, 2013년에 약간 증가한 매출이 2014~2016년에 급증하다가, 문재인 정부가 출범한 2017년부터 급감하고, 이후 2019년부터 다시 회복세를

보임을 알 수 있습니다.[11]

UAE 원전의 10년간 매출 추이를 다룬 자료에서도 이를 확인할 수 있습니다. 즉 UAE 원전 수출에 따른 국내 산업계의 수익(매출)을 보여주고 있는데 2014~2016년 사이에 매출이 급격하게 올랐다가 이후 2020년까지 매출이 상당히 떨어진 것을 확인할 수 있습니다.

이러한 자료를 보면 결국 UAE 원전 수출에 따른 국내 기업매출의 기여임을 알 수 있으며 장기적으로 이루어지는 탈원전 정책은 매출 변화에 대한 영향이 미미함을 알 수 있습니다.

특히 전기 판매 수익을 보면 2017년과 2018년에 하락

(단위: 억 원, %)

항목	2011년	2012년	2013년	2014년	2015년	2016년	2017년	2018년	2019년	2020년
전체	142,170	161,407	156,026	188,060	199,948	207,655	181,948	151,529	159,073	171,303
전기 판매 수익	130,222	145,538	138,003	161,801	162,274	165,862	149,123	133,889	146,481	162,222
UAE 원전 수익	11,229	15,739	18,001	26,251	37,666	41,770	32,803	17,626	12,559	9,043
원전 운영·건설 자문 및 교육·훈련 등(UAE 외)	721	130	22	7	8	23	22	13	33	38

* 원자력 발전사업체의 매출액은 한전의 총판매량 중 원자력 발전량과 해외 매출, 한수원의 원전 운영·건설 자문 및 교육·훈련과 해외 매출 합

UAE 원전의 10년간 매출 추이

---

11 한국원자력산업협회, 2020, 『원자력산업실태조사 보고서』

했다가 2020년에는 가장 왕성한 전기 판매 수익을 보인 2014~2016년 수준으로 복귀했음을 알 수 있습니다. 이 기간에 전국 원전에 대한 격납용기 콘크리트 공극 검사, 원자로 헤드 교체 및 증기발생기 교체에 따라 장기간 가동이 정지된 원전이 많아서 전반적으로 국내 원전의 이용률이 저하된 것이 주요인임을 알 수 있습니다.

이러한 매출 변동 사유는 탈원전 정책과 무관한 것임을 알 수 있는데 점진축소형 정책에 따라 운영 허가가 끝나는 고리 1호기(600MW)와 월성 1호기(600MW)가 폐쇄되었지만 1,400MW인 신고리 3·4호기가 들어서는 바람에 전체적 발전 용량은 오히려 늘어났기 때문입니다. 따라서 고리 2호기(600MW)의 수명연장을 하지 않고 가동을 중단하는 2023년부터 줄줄이 원전들의 운영 허가 기간이 종료되기 때문에 2030년 이후 10기의 가동이 중단되면 원전의 숫자가 본격적으로 줄어들게 됩니다. 즉, 문재인 정부는 탈원전을 표방했지만, 원자력계에 미치는 파장을 최소화하기 위해 점진축소형 탈원전 정책으로 선회하여 사실상 문재인 대통령 임기 동안에는 원전 축소가 이루어지지도 않았습니다.

상황이 이러함에도 레거시 미디어를 동원한 정치권의

공격은 계속 이어졌습니다. 기사 제목 몇 개만 열거하면 다음과 같습니다. 극히 일부만 발췌한 것인데, 거의 매일 원전 생태계 파괴 문제가 기사화되고 있지만 전부 그릇된 정보를 실어 나르는 것이라고 단언합니다.

[윤한홍 의원, "두산重 협력업체, 탈원전 정책으로 매출 폭락"]
- 2020년 4월 6일 시사포커스
[원전건설도 수출도 나 몰라라, 원전 고장 나면 중국에 맡길 판]
- 2021년 6월 10일 조선일보
[탈원전 4년 만에 두산重 원전 수주액 반토막… 생태계 붕괴 가속]
- 2021년 9월 15일 조선일보
[5년 새 반토막 난 원전 수출… 尹 '구원투수' 나설까: 원전 생태계 복원 전략②]
- 2022년 4월 25일 아시아경제

사실 통계 자료에서 확인하였듯이 두산중공업의 매출·영업이익은 그야말로 들쭉날쭉한데, 두산중공업에 매출 비중을 크게 의존하는 하청기업들은 연간 매출을 예상하기도 힘들 뿐 아니라 중소기업은 매출이 급격히 늘거나 줄어들면 유동성 문제에 직면하여 감당하기 어려워질 수 있습니다. 앞에서 조선일보가 다룬, 어려움에 봉착한 중소기업들은 대부분 이러한 지속가능성 문제에서 벗어날 수 없습니다. 이 때문에 안정적 시장에서 매출 성장이 점진적으로 꾸준히 이루어지는 사업이 지속 가능한 사업이라고 볼 수 있습니다. 들쭉날쭉한 두산중공업의 매출·이익 구조는 특히 하청 중소기업으로서는 견디기 힘듭니다. 매출이 적더라도 꾸준한 매출이 안정적 이익과 함께 보장되고 매년 적게라도 매출과 이익이 조금씩이라도 증가하는 사업이 지속 가능한 사업이라고 정의할 수 있는 것입니다. 따라서 2009년 20조 원 규모의 수출이 성사된 후 현재까지 수출이 전혀 성사되지 않고 있는 원전 수출사업은 지속 가능한 사업이 아니며, 오히려 급격한 매출 변동을 가져와 중소기업을 중심으로 한 원전산업을 위태롭게 하는 사업이라고 볼 수 있습니다. 이 사실은 해외 원전건설업체에서 뚜렷이 나타나며, 주요 기업을 대상으로 이를 확인해보는 것은 매우 의미 있는 일이 될 것입니다.

해외 원전건설사 동향

해외 원전건설사의 경우 미국의 웨스팅하우스, 프랑스의 아레바, 캐나다의 캔두에너지를 중심으로 검토하고자 합니다.

• 웨스팅하우스일렉트릭(Westinghouse Electric Company)

웨스팅하우스는 세계 최대의 원전 공급사입니다. 경수로를 주로 납품하고 설계·제작·시공까지 일괄 수주 형식으로 건설하며 가동 원전 정비까지 하는 세계적인 선도기업이라고 할 수 있습니다.

1886년 조지 웨스팅하우스가 교류 전기 시스템을 판매하기 위해 창립하였습니다. 핵잠수함 기술을 적용하여 전기를 만드는 원전이 나왔는데 2차 세계대전 이후 1957년 쉬핑포트에 상업용 가압경수로를 처음 설계한 이후 전 세계 441기 가동 원전의 50%를 웨스팅하우스가 공급했습니다.

하지만 1979년 최초로 노심이 일부 용융하는 TMI^{Three Mile Island} 원전 사고가 발생하자 이후 미국에서 신규 원전 건설이 전면 중단되었고 이후 1986년 체르노빌 원전 사고까지 발생하면서 호황기를 마감하게 됩니다. 웨스팅하우스는 원전건설이 중단되면서 주로 핵연료 재장전, 증기 발생기 검사 및 정비, 원자로 헤드 및 주배관 정비, 안전

기기 검사 및 보수 등 가동 원전 서비스에 주력하였습니다. 따라서 사업이 축소될 수밖에 없었는데 1995년 CBS에 인수되었다가 다시 3년 뒤 원자력 분야를 BNFL^{British Nuclear Fuels Ltd}에 매각하였습니다. 2000년 이후 원전을 건설하자는 움직임이 생겨나고 2005년 신·재생에너지에 주는 보조금을 원전에도 적용하자고 하면서 원전건설이 다시 탄력을 받게 됩니다. 이때 원전 사업에 사활을 걸려는 도시바가 2006년, 예상 매각가격의 3배에 달하는 54억 달러에 웨스팅하우스를 인수합니다. 당시 두산중공업도 인수전에 뛰어들었다가 실패했는데, 실패했기에 망정이지 만약 인수에 성공했더라면 지금 두산중공업과 두산그룹은 사라지고 없었을 것입니다.

웨스팅하우스를 사들인 도시바는 해외사업에 주력하여 미국과 중국에서 원전을 수주하면서 성공할 것으로 알려졌고 인수도 잘한 것으로 판단되었습니다. 하지만 2011년 3월 후쿠시마 원전 사고가 발생합니다. 도시바는 후쿠시마 원전 사고가 발생한 3개 원전 중 2개를 공급하였고, 원전 사업에 주력하려던 도시바의 이미지에 큰 타격을 입게 되었습니다. 후쿠시마 원전 사고로 전 세계 원전 시장이 위축되었는데 여기에 '사고 원전 공급자'라는 설상가

상의 어려움이 도시바에 찾아온 것입니다.

부진한 원전 사업을 극복하려는 치열한 노력이 계속되었습니다. 하지만 웨스팅하우스를 중심으로 실적이 악화되면서 단기 실적 목표를 달성해야 한다는 압박으로 2015년 회계 부정 스캔들이 발생했습니다. 결국 2017년 도시바는 원전 사업 부실로 인해 발생한 적자가 7조 원 규모에 달하였고, 특히 미국 내에서 원전건설 중 발생한 손실이 63억 달러에 달하여 결국 파산보호신청을 하였습니다. 웨스팅하우스는 결국 2018년 캐나다의 자산운용사인 브룩필드비즈니스파트너스에 46억 달러에 인수되었습니다.

웨스팅하우스가 의욕적으로 새로 개발한 원전 AP1000은 피동 냉각기능 등 안전상 결함이 발견되면서 공기 지연이 이어졌습니다. 이에 따라 미국 사우스캐롤라이나주에 건설 중인 VC Summer 원전의 경우 51억 달러에 달하는, 초기비용의 두 배를 초과하는 상황으로 치달았습니다. 조지아주의 Vogtle 원전 3·4호기는 2016~2017년 가동을 목표로 초기비용 약 140억 달러로 예상했으나 상업운전의 공기가 2023년으로 지연되고 공사비도 눈덩이처럼 늘어나 2022년에 이미 예상 공사비 340억 달러를 초과했습니다. 이에 따라 브룩필드비즈니스파트너스는 결국 웨스팅하우스를 투자펀드에 매각했습니다.

여기에 중국에 진출한 AP1000은 4기 건설을 수주하였고 Sanmen 1·2호기와 Haiyang 1·2호기는 모두 2009년쯤에 착공되었으며 약 9년의 건설 기간을 거쳐 2018년에 모두 계통병입(전력 송출) 되었습니다. 웨스팅하우스는 중국에 기술이전을 조건으로 공급한 것으로 알려져 있습니다. 중국은 AP1000 이전기술을 바탕으로 용량을 격상하여 자체 설계하고 있다고 합니다.

이 방식은 한국이 한국형 원자로 국산화를 추진할 때 컴버스천엔지니어링CE과 기술이전을 위해 한빛 3·4호기에 적용한 방식을 참고한 것으로 보입니다. 한국의 원전 기술자들은 이 방식을 기술자립 우수경험으로 세미나 등을 통해 중국에 전했다고 합니다. 한국이 1980년대에 원전 기술이전을 원할 때 당시 기고만장했던 웨스팅하우스는 한국의 요청을 거부했습니다. 하지만 CE는 웨스팅하우스보다 기술경쟁력이 떨어져서 당시 수주 활동에 많은 어려움을 겪으며 고사 직전에 있었기에 한국에 대한 기술이전에 적극적이었습니다. CE는 웨스팅하우스 경력자를 많이 채용하고 있었지만, 차별화를 위해 고유 노형 개발을 추진하다 오히려 설계 경쟁력이 떨어져 성능이 웨스팅하우스 노형보다 매우 부족했습니다. 덕분에 한국에 한빛 3·4호기 건설을 필두로 한울 3·4호기까지 후속적인 기술이전을 하였지만 결국 웨스팅하우스에 합병되었습니다.

당시 한국전력공사에서 최장수 고위직을 역임한 분이 퇴직 후 창업을 했습니다. 개인적인 영향력을 이용하여 중국에 한국의 고급 기술 경력자를 파견하는 사업을 했습니다. 원자로 핵심기술 경험자를 파견하여 인건비 장사를 한 것인데, 중국에 파견하는 기술자 인건비에서 일부를 받는 형식이었습니다. CE 또는 AECL에서 전수받은 상당히 많은 원전 고급 설계기술 경험들이 당시 중국으로 흘러갔던 것으로 판단됩니다. 중국은 충분치 않은 인건비를 제공하면서도 파견 기술자의 경력이 성에 차지 않거나 고급 기술 인력이 아니면 받지 않았습니다.

사실 이것을 우리나라의 원전 기술 수출이라고 생각할 수도 있을 것입니다. 하지만 중국은 한국이 CE에서 기술을 전수받은 것으로 인정하여 한국에 고유 원전 기술이 없다고 보았습니다. 이후 중국은 자국 원전건설을 위한 국제 공개경쟁입찰에서 한국은 자체 기술력이 없다고 판단하고 배제했습니다.

웨스팅하우스는 1979년 TMI 원전 사고 이후 중단된 원전건설을 만회하기 위해 수출을 추진하였고 한국과 일본을 포함해 유럽과 아시아 등에서 수십 기를 수출하는 데 성공하였습니다. 하지만 대부분 90년대에 건설이 종료되었습니다. 결국 150여 기에 해당하는 미국의 원전건설 내수시장을 바탕으로 웨스팅하우스의 원전 사업이 탄력을 받았던 것입니다. 하지만 1979년과 1986년의 두 차례 대형 원전 사고 이후 세계적으로 원전건설 시장이 침체기에 들어가니까 중국과 국내(조지아주, 사우스캐롤라이나주)에 건설하려던 AP1000의 신 안전개념설계를 실현하는 과정에서 기술적인 문제가 도출되면서 공기 지연으로 이어졌습니다. 그리고 도시바-웨스팅하우스는 결국 파산 신고하게 되었고, 웨스팅하우스는 이후 캐나다의 금융그룹과 투자펀드를 거쳐 현재 다시 시장에 매물로 나와 있는 상태입니다.

• 아레바(Areva)

아레바는 프랑스의 원전건설 업체입니다. 태생적으로 보면 조금 앞섰지만 우리나라와 비슷합니다. 2차 세계대전 직후 원자력 연구 전문기관인 CEA가 설립되면서 원자력 시대가 시작되었습니다. 1960년대 중반 동맹국인 미국의 웨스팅하우스로부터 경수로 설계기술을 도입하면서 경수로 건설이 시작되었습니다. 웨스팅하우스 기술을 도입하여 자체 기술로 확립한 프랑스는 자국에 58기를 건설한 것을 포함하여 전 세계에 대략 80기의 원전을 공급했거나 건설 중입니다. 우리나라에도 프라마톰이 한울 1·2호기를 공급하였고 중국에도 타이샨 원전을 공급하여 현재 가동 중입니다. 핵 강국인 프랑스는 전력시장에서 원전 비중이 70%에 달할 정도로 원전을 중시합니다.

프랑스는 웨스팅하우스 설계를 도입하면서 자체 설계화를 통하여 프랑스화하였습니다. 예를 들면 원자로 헤드 제어봉 케이블의 경우 미국은 MI^{Mineral Insulated} 케이블을 사용해 육중하게 배치하지만, 프랑스는 설계변경을 통해 호스 형태로 간단히 설계하였는데 안전성 관점에서 지진 등으로 만일에 고장나도 제어봉이 낙하하면 그만이라는 뜻으로 보였습니다.

물론 이로써 원자로 헤드 구역의 설비를 대폭 간소화할 수 있었고, 나중에 일체형으로 원자로 헤드를 한 번에 분리할 수 있는 웨스팅하우스의 원자로 헤드 일체형 설계의 모태가 되었다고 생각됩니다. 이처럼 안전 개념이 과도하게 들어간 부분을 대폭 간소화하여 운전·정비를 쉽게 하고 제작성에서 경제성을 높였습니다. 하지만 이러한 설계 개념으로 인해 나중에 핀란드에 올킬루오토-3 원전을 공급하면서 시공을 포함하여 상당한 애로사항을 경험하게 됩니다. 핀란드 원전의 안전 개념은 LBB^{Leak Before Break}(파단전 누설) 개념을 인정하지 않고 있어 원자로 주배관들의 지지대가 육중해짐으로 인해 원자로 배치설계가 완전히 바뀌는 등 대폭적인 설계변경으로 오류가 많이 발생할 수 있습니다. 이러한 설계 개념상의 상당한 격차도 제작 시공상 애로점이 된 것으로 생각됩니다.

아레바는 그룹 형태로 2000년대 초에 아레바NP(원자로 사업, 전 프라마톰), 아레바NC(핵연료, 재처리, 전 코제마) 그리고 송배전 관련 사업을 하는 아레바T&D 등으로 재편됩니다. 이는 2005년 전후로 원자력 르네상스가 올 것임을 예상한 조치였습니다.

하지만 이때 신·재생에너지를 중시하는 독일은 에너지산업의 미래를 냉철하게 판단하고 TMI와 체르노빌, 두 건의 대형 사고를 접한 뒤 원전산업을 포기합니다. 이에 따라 2000년대 초에 독일의 지멘스는 원전 사업을 프랑스 원전 공급사인 프라마톰으로 이관하고 미국 웨스팅하우스의 비원전 분야를 인수합니다. 프랑스의 프라마톰은 우리나라 한울 1·2호기 공급사이기도 합니다.

프랑스는 이후 원전을 주력 수출산업으로 적극적으로 육성하였습니다. 프랑스는 2020년 국내 원전인 Fessenheim 1·2호기가 영구 정지되면서 56개의 가동원전을 보유하고 있으며, 2020년 현재 전력의 67.1%를 원전으로 공급하고 있습니다. 이는 1985년 이래 가장 낮은 비중입니다. 이처럼 국내 원전 시장이 정체되면서 수출을 통해 활로를 모색한 것입니다. 이때 핀란드가 2005년 2월 올킬루오토 3호기 신규 원전건설을 허가하였고, 수출을 위해 노력하던 프랑스가 이를 수주하였습니다.

올킬루오토 3호기(OL-3)는 1,600MW 용량의 프랑스 EPR 경수로형으로, 2005년 착공하여 2010년 상업운전을 개시하는 것을 목표로 진행되었습니다. 하지만 시공과정에서 검사를 수행한 핀란드 방사선·원자력안전청STUK 의 조사 결과 콘크리트 불일치 문제를 지적받았고, 공급된 단조 주물이 시방에 부합하지 않거나 용접이 미흡하다든가 하여 공사 지연이 계속되었습니다. 여기서 발견된 문제점들은 다음과 같습니다.

- 1980년대 이후 20여 년의 긴 공사 휴지기간으로 아레바의 경험자들 다수가 퇴직한 상태
- 건설관리를 프랑스전력청EDF, Electricite de France이 했고, 아레바는 건설 경험이 없었으며, 경험 많은 하청업체들도 다수 사업 중단 상태
- 대형원전임에도 착공에서 가동까지 4년을 예정한 것은 애초부터 가능하지 않은 무리한 계획이었음
- 아레바가 초기부터 느리게 진행하여 2005년 건설이 시작될 때 상세설계가 완성되지 않은 상태였음
- 아레바는 STUK의 까다로운 규제검사(품질관리, 제작면허 승인 등)에 익숙하지 않음
- 원자로 대형화로 새로운 용접 기술이 사용되었고 가압기 단조품은 다시 제작되는 등 품질 미흡 사례가 발생함
- 다국적 하청 노동자들 간의 소통 문제로 작업 지연이 발생함 등

OL-3은 2005년 착공되어 2022년 3월에 겨우 가동되었습니다. 건설 지연에 따른 누적 손실 비용이 110억 유로로 추정되었고, 이러한 적자는 모두 아레바NP가 감당

해야 했으므로 아레바NP는 적자 누적으로 인해 아레바그룹에서 떨어져 나와 2016년 12월 EDF에 흡수·개편되었으며, 사명도 프라마톰^{Framatome}으로 변경되었습니다.

OL-3과 같은 용량(1,660MW)으로 아레바NP가 진출한 중국 타이샨 원전 1·2호기는 2007년 계약 후 2018년과 2019년, 1·2호기가 차례로 상업운전을 개시하였습니다. 하지만 2021년 6월 타이샨 1호기 원자로 노심에서 핵연료가 파손되는 사고가 발생하였습니다.

이에 중국 정부는, 방사성물질 누출에 따른 환경문제는 전혀 없으며 원자로 냉각계통 내의 방사능이 증가했지만 허용할 수 있는 범위 안에 있다고 발표했습니다. 하지만 프랑스 원자력안전청^{ASN, Autorite de Surete Nucleaire}은 2020년차 보고서에서 이 문제에 관해 다음과 같이 기술하였습니다.

ASN은 핀란드와 중국에서 EPR 원전의 운전 경험에 특별한 주의를 하고 있다. 이 문제는 특별한 조사와 검사를 필요로 하는 주제로 강조되고 있다. 핀란드의 올킬루오토 원전의 압력방출 밸브의 응력균열 부식 현상과 중국 타이샨 원전의 정상적이지 않은 노심 출력분포의 이상 문제에 특별한 관심을 가지고 있다.

즉, 타이산 원전의 핵연료 파손은 비정상적인 노심 출력분포에 기인함을 알 수 있습니다. 출력분포의 불균일은 중성자 밀도의 불균형에서 비롯됩니다. 원자로 실린더의 축 방향 노심 출력분포가 일정해야 핵연료에서 발생하는 열이 일정하게 분포됩니다. 이것이 일정하지 않아 열적 불균형이 초래되었고 이로 인해 핵연료가 파손되었다는 것입니다.

한편 프랑스 원자력안전청은 2022년 초에 핵연료 검사 결과 특정 집합체에서 마모가 발생한 것을 확인하였으며 이는 다른 EPR 원전에서도 종종 발생하는 현상이라며 EPR 설계 자체의 문제는 아닌 것으로 결론지은 바 있습니다. 이는 핵연료봉이 진동에 의해 간혹 파손되는 핵연료 재료와 열유동 문제에서 복합적으로 기인합니다. 기계적 진동 문제가 열출력과 관련되어 노심설계 측면에서 다양한 요소가 복합적으로 관련된 문제로 해결이 쉽지 않을 전망입니다. 핵연료 파손이 잦아지면 핵연료봉 내에서 유독성 가스가 나와 환경에 노출될 가능성이 커지므로 특히 유의해야 합니다. 또한 원자로의 방사능 준위가 올라가면 보수인력의 과다 피폭이 발생하여 정비기간이 늘어나고 안전관리와 정비에 비용도 많이 들어가게 됩니다.

• 캔두에너지(CANDU Energy)

캔두에너지는 2011년 캐나다원자력공사^{AECL}에서 원전 사업이 분리되어 1,500만 달러(캐나다 달러)에 SNC-Lavalin으로 이관되면서 설립된 회사입니다. AECL 원자력 사업은 중수로 원전^{CANDU, CANada Deuterium Uranium} 사업을 의미합니다. 그러므로 우리나라 중수로 원전인 월성 4기는 전부 AECL이 설계한 것이지만 지금은 캔두에너지사가 관련되어 있습니다.

캐나다의 원자력 역사는 1940년대부터 시작됩니다. 1942년 캐나다국립연구위원회 산하에 영국-캐나다 공동연구소인 몬트리올연구소가 설립되면서부터입니다. 캐나다는 이때 '맨해튼 프로젝트'에 참여하였지만, 개발 결과를 미국에 다 넘겨주고 실제 자체 소득은 별로 없었다고 합니다. 1944년 캐나다 연방정부는 초크리버연구소에서 ZEEP라는 시험용연구로 설계에 착수하였고 1945년 임계 도달에 성공하였습니다. 이 연구용원자로가 캔두 원전의 시발점이 되었습니다. 이후 추가적인 NRX(연구용원자로)가 1947년 7월 임계에 도달하였습니다. 이 원자로는 방사성 동위원소 생산, 핵연료 재료 개발, 중성자 생산 등을 위한 것이었습니다.

1952년 원자력 에너지의 평화적 이용을 위해 원전 설계·연구개발을 수행하는 AECL이 설립되었습니다. 이 회사는 연방정부 공공기관^{Crown Company}으로서 산하에 초크리버연구소를 두고 원자력의 이용·연구개발을 위한 중추적 역할을 하게 됩니다. 이때 1952년 NRX(연구용원자로)에서 원자로 출력제어 상실에 의해 노심이 일부 용융되고 수소-산소 폭발이 일어나는 방사능 중대 사고가 발생하였습니다. 이는 캐나다 최초의 원자력 사고로 5등급 사고에 해당합니다. 당시 사고 수습에 군인들이 투입되었는데, 후에 미국의 대통령이 된 지미 카터도 수습 인력에 포함되어 있었다고 알려졌습니다.

이 사고 이후 1957년 NRU라는 천연우라늄 핵연료와 감속 기능이 우수한 중수를 냉각재로 이용하는 연구용원자로를 가동합니다. 이 원자로는 의료 진단용 코발트60을 생산하는데 전 세계 공급량의 85%를 차지하였습니다. NRU도 역시 노심에서 핵연료를 제거하는 과정에서 불충분한 냉각으로 화재가 발생해 압력관이 찢어지고 건물 내부와 주변 부지를 오염시킨 적이 있습니다. 지르코늄으로 제조된 핵연료 피복관과 압력관은 일정 온도(1,600℃) 이상 되면 화재가 발생합니다.

최초의 중수로 원전은 20MWe 규모의 NPD로서 1962년에 목표 출력에 도달하였습니다. 이를 토대로 휴론호수와 접한 더글러스포인트에 캔두 원형 200MW를 건설하여 1966년 11월 최초 임계에 도달하였습니다. 이후 1971~1974년 피커링A(500MW 4기) 원전이 최초로 상업운전을 시작했습니다. 이후 브루스 원전(1976~1987년)과 함께 우리나라 월성 1호기와 같은 노형인 CANDU-6인 G-2, 포인트 르프로 1호기(1982년)가 들어섰습니다. 이들 원전은 600MW 표준으로 우리나라 월성 중수로 원전과 같은 시기에 같은 설계로 지어졌습니다. 하지만 달링턴 4호기(1993년)를 끝으로 캐나다 국내에서 추가로 건설이 진행되지는 못하였습니다.

이로 인해 AECL은 해외로 눈을 돌립니다. 월성 1호기와 동일한 노형들이 주로 수출되었는데 한국의 월성 2·3·4호기(1997·1998·1999년), 중국의 진산 원전 3의 2개 호기(2002·2004년), 루마니아의 체르나보다 1·2호기(1996·2007년), 아르헨티나의 아투차 1·2호기(1974·2014년), 엠발세 1호기(1983년) 정도가 수출되었지만 대부분 2000년대 초에 끝났고 해외 건설은 아투차 2호기(2014

년)가 마지막이었습니다. 이후 30년 수명 종료가 도래하며 제2의 중수로 르네상스가 돌아온 것으로 여겨졌지만 포인트 르프로 1호기, 월성 1호기, 엠발세 1호기 정도만 수명연장 공사를 진행하여 이로 인한 고용 창출 효과는 미미해 AECL CANDU의 자체 인력조차 유지하기에도 역부족인 상황입니다.

따라서 원전 사업이 캔두에너지로 이관된 것은 경수로에 비해 중수로인 캔두의 경쟁력을 상실함에 따라 수출을 못 했기 때문이기도 하지만 세계 원전 시장이 축소됨에 따라 해외시장 개척이 어려웠기 때문입니다. 이에 따라 대규모 구조조정이 이루어지고 민간 기업에 이관된 것입니다.

원전이 가동되는 한 설계사는 있어야 하므로 캔두에너지는 주로 가동 원전을 지원하는 회사로서 국가 지원으로 명맥을 유지하게 될 것입니다. 가동 원전 지원 업무에는 압력관과 핵연료교환기 등의 검사·정비·교체 등 주로 안전 관련 기기의 평가와 기술지원이 해당될 것입니다.

AECL CANDU는 월성 2·3·4호기 건설 당시 수출로 캐나다 국내 일자리 창출을 극대화하는 모범 기업으로 홍보되었지만, 시장 위축과 수요 감소에 따라 결국 민간에 매각되었고 가동 원전을 위해 정부 지원으로 명맥만 유지하는 처지가 되었습니다. 시대가 바뀌었음을 실감하게 됩니다.

이처럼 해외 유명 원전 기업들의 사례에서 공통적으로 ❶ 자국 내수시장을 바탕으로 성장하고 ❷ 내수시장이 한계에 다다르자 해외시장 개척에 나서고 ❸ 해외시장에서 많은 문제점을 드러내며 결국 부도로 일관됨을 알 수 있습니다.

이러한 문제의 핵심은 원전건설이 ❶ 간헐적으로 발생하는, 수요가 부족한 사업이며 ❷ 대규모 금융조달이 필요한 장기간의 대규모 건설공사이며 ❸ 사용후핵연료 등 핵비확산과 관련한 정치적으로 민감한 문제가 포함되어 있어서 지속가능성이 낮은 사업이라는 것입니다. 매우 위험한 사업이고 사업타당성도 매우 낮다고 볼 수 있습니다. 따라서 원전사업은 미국처럼 강대국에 적합한 사업으로, 강대국이 자국 영향권 내에 두고 종속시키기 위한 '사탕발림 사업'이 될 가능성이 높습니다.

03

원자력과
지속가능성에 대하여

원전의 지속가능성

사업의 지속가능성을 볼 때, 매출이 일정하게 발생하고 이 매출이 매년 아주 작은 수치라도 꾸준히 증가해야 지속 가능한 사업 분야입니다. 또한 친환경적이고Environment, 사회적 책임성을 가진Social Responsibility 지배구조Governance를 지닌 기업이라야 지속가능성 있는 사업구조를 갖췄다고 볼 수 있습니다.

원전은 한때 유가 파동을 겪으며 우리의 에너지 안보 지킴이 역할을 잘 수행해 왔습니다. 하지만 TMI와 체르노빌, 후쿠시마 등 각지에서 국가의 존망을 위협하는 중대 사고가 꾸준히 발생하고 있는 것 또한 사실입니다. 이로 인해 독일을 비롯한 몇몇 국가들이 탈원전을 표방하고 있으며 세계 원전 시장이 대폭 축소되고 있는 것입니다.

2022년 5월 10일 윤석열 대통령은 취임식에서 '자유'라는 말을 35번이나 외쳤습니다. 평소 국민들이 자유를 많이 억압받았다는 뜻이 아닐 수 없습니다. 하지만 문재인 정부에서 자유를 얼마나 억압했다는 것인지는 분명히 말하지 않고 있습니다.

마찬가지로 윤 대통령의 두드러진 친원전 성향은 문재인 정부의 탈원전 정책으로 고충이 상당했던 원자력 산업계를 대변하려는 결과로 보입니다. 문재인 정부에서 고리 1호기와 월성 1호기를 영구 정지시킨 것은 사실입니다.

문 대통령의 원전에 대한 인식은 어떤 것이었을까요? 문 대통령은 후쿠시마 사고를 통해 원전 사고의 위험을 목격하고, 원전 비리가 성행한 국내 원자력계가 최신기술 기준도 제대로 적용하지 않고 진행한 월성 1호기 수명연장과 경주 지진에 의한 원전 공포를 접하면서 수명이 다 된 원전은 폐로하겠다는 결심을 굳혔다고 합니다. 이는 전 동국대 김익중 교수의 언급입니다. 다시 말하자면 문 대통령이 탈원전으로 돌아선 것은 단순히 영화 '판도라' 때문이 아니라는 것입니다. 이에 대해서도 다량의 잘못된 정보가 언론을 통해 퍼져갔습니다. 탈원전에 반대하는 정치 논리로서, 모든 것을 탈원전 탓으로 돌리겠다는 것인데, 독자들은 주로 언론에 보도된 대로 봅니다. 따라서 이는 사실을 호도하여 정치적 이득을 취하려는 것이라 할 수 있습니다.

윤석열 대통령의 원자력에 대한 인식은 단순히 친원전 수준이 아닙니다. 대선 후보 시절, 후쿠시마 원전 사고에서 원전 폭발은 없었으며 방사능 유출도 없었고 방사능으로 인한 사망사고도 없었다고 하여 언론이 크게 다룬 적이 있습니다. 당시 그 발언이 언론에 크게 기사화된 것은 강력한 대통령 후보 중 한 사람이 원전에 대해 문맹적이고 확증 편향적 인식을 가진 것에 대한 우려 때문이었습니다. 탈원전으로 누가 그리 억압받았다고, 선거가 끝난 지금도 원전에 대해 이러한 인식 수준에 머물고 있다면 정말 우려스러운 일입니다.

윤 정부는 탈원전 정책으로 포기한 신한울 3·4호기를 건설하고 2030년까지 10기의 가동 원전 수명을 연장하겠다고 합니다. 산업통상자원부는 이러한 정책 의지를 담은 4차 에너지기본계획을 수립 중이며, 제10차 전력수급기본계획은 2023년 1월 12일 확정하였습니다.

또한 원전 수출도 2030년까지 10기를 목표로 세웠습니다. 이명박 정부가 UAE 원전 수출 이후 내세운 '2030년까지 80기'의 수출 목표는 나라의 새로운 먹거리인 것처럼 화려하게 포장되었지만 이후 13년이 지난 지금까지 수출실적은 제로(0)입니다. 국민을 오도하는 허황한 목표였던 것입니다. 지금은 목표가 '2030년까지 10기'로 줄었지만 어째서 그 목표가 지금 와서 10기로 줄었는지 설명도 없습니다. 하지만 실제로는 10기는커녕 2기마저도 턴키 수출은 거의 불가능하다는 것이 중론입니다.

원전 수출은 의지만 있다고 되는 것이 아니고 우크라이나 사태 등 국제 정세, 수입국의 사정과 조건, 수출 경쟁국의 경쟁력 그리고 금융 조달 가능성 등이 충분히 맞아떨어져야 합니다. 우리나라는 독자적인 원전 수출이 불가능하고 미국의 승인이 있어야 가능한데, 설사 승인 문제가 해결된다고 해도 이 같은 문제가 산적해 있는 것입니다. 일본 아베 정권이 원전 수출을 적극 추진하면서, 우리가 포기한 영국 무어사이드 원전과 터키 원전건설을 의기양양하게 접수했다가 결국 수조 원 손해만 보고 포기한 사례가 있습니다. 이 두 나라의 원전은 모두 공급자가 스스로 금융을 조달해 건설하고 운영하여 전기를 판매해 정산하는 방식이라 장기적인 불확실성이 내재하여 투자 위험성이 매우 높습니다. 따라서 영국은 외부에서 자금과 설비를 유치하여 자국 고용을 창출하는 수십조 원 프로젝트를 추진하려고 하지만, 공급국에서는 투자금 회수가 불투명한 것입니다. 원전 사고가 발생하는 경우 국제분쟁이 일어날 수 있으나 영국은 미국과 견고한 군사협력 관계에 있고 UN 상임이사국이기 때문에 갈등을 자국에 유리한 방향으로 쉽게 해결할 수 있습니다.

한편 원전 시장은 계속 작아지고 있으며 이 경향은 지속되어 2050년까지 세계 전력 비중의 10% 이하로 유지되거나 더욱 축소될 것으로 예상됩니다. 태양광이 불과 10년도 안 되어 가격이 85% 이상 내려갔습니다. 이처럼 가격이 낮아진 만큼 재생에너지의 공급도 급격히 늘고 있습니다. 따라서 원전은 중국, 러시아, 인도처럼 자국 건설이 활발한 일부 경우를 제외하면 수출 대상이 손에 꼽을 정도입니다. 원전 수출이 우리에게 통째로 돌아올 가능성은 정말 희박합니다.

이러한 원전 수출을 위해 원전 생태계를 유지해야 한다는 것이 윤 정부에서 탈원전을 반대하는 주된 명분입니다. 조선일보는 탈원전 정부에 의해 원전산업 매출이

2016년 27조 원에서 2020년 22조 원으로 떨어져 중소
기업들이 도산하고 있다고 연일 주장합니다. 하지만 이
시기에 UAE 원전 수출에 의한 원전산업 매출이 2016년
4.1조 원에서 2020년 0.9조 원으로 떨어지므로 UAE 원
전 수출에 따른 영향이 지배적인 것으로 봐야 합니다. 어
느 구석을 봐도 탈원전에 의한 문제가 아닌데, 오히려 탈
원전 탓으로 호도하고 있습니다. 원전 생태계 유지를 위
해 신한울 3·4호기를 건설해야 한다면 후속 호기도 계속
건설해야 한다는 논리이므로 현실성도 부족합니다.

주요 원전 기기 공급사인 두산중공업의 경우 들쭉날쭉
한 단기 매출·이익 구조는 지속가능성이 중요한 하청 중
소기업들의 존립에 치명적인 요인이 되고 있습니다. 그런
데도 매출이 지속적으로 성장할 것으로 오해한 일부 중소
기업들이 상당한 피해를 보고 도산하는 경우도 있습니다.

국제재생에너지기구IRENA, International Renewable Energy Agency
의 2022년 에너지전망보고서에서는 2030년까지 매년
1,200조 원의 재생에너지 투자가 예상된다고 합니다.[12]
이렇게 꾸준히 재생에너지가 공급되는 것은 실제 2050

---

12 Francesco La Camera, World Energy Transitions Outlook 2022, IRENA,
BEDT22, Mar. 2022, pp6.

년까지 이어질 것으로 전망되고 있습니다. 이는 하나의 커다란 기회입니다. 즉 시장을 공략하면 국내 중소기업들에 사업 기회가 열릴 것이며 이로 인해 지속 가능한 일자리가 창출될 수 있는 것입니다.

하지만 윤 정부는 원자력에 집중하기 위해 지속 가능한 재생에너지 시장에 대한 장기 투자목표는 오히려 낮추고 있습니다. 일부 원전의 수명연장과 한두 기의 신규 원전 건설이 장기적인 생태계 유지를 위한 해법이 될 수 있다고 생각하는 것은 커다란 착오입니다. 계속운전으로 발생하게 될 넘쳐나는 사용후핵연료 문제는 잠재 위험성을 높이는 방사선원의 증가와 함께 지역과 시민사회에 지속적 갈등만 초래할 것입니다. 원전 가동에 있어 인적오류, 계속되는 지진과 기후위기에서 비롯되는 꾸준한 위협 그리고 핵분열로 발생한 핵물질이 환경으로 유입될 가능성이 항상 존재한다는 것은 원전산업의 지속가능성에 있어 이처럼 가장 큰 위협 요소입니다.

결국 시대에 역행하는, 아무도 존재를 인정하지 않는 K-원전 정책은 시장이 받쳐주지 못하는 미봉책에 불과하므로 건전한 원전 생태계 유지를 위한 해법이 될 수 없으며, 오히려 세계 에너지 시장에 대응을 잘못하게 하여 국가 산업경쟁력만 저하시킬 것으로 우려됩니다. 갈수록 축소되는 원전 시장에 섣불리 투자하는 것은 매몰 비용만 키우는 결과를 초래할 것입니다. 윤 정부는 하루빨리 정치 논리를 접고, 에너지 사각지대를 아우르는 원자력산업의 정의로운 전환과 백년대계를 내다보는, 보다 합리적인 에너지정책을 모색하여야 합니다.

수명연장과 ESG 관점에서 본 원자력

박형준 부산시장은 2022년 5월 13일 오마이뉴스와의 인터뷰에서 해외 원전은 80년, 100년 수명을 연장해서 사용한다고 주장했습니다. 고리 2호기의 수명을 연장하는 것이 무엇이 문제인가라는 뜻이었습니다. 이 주장에 대해 거세게 반론이 제기되자 박 시장은 신규원전을 두고 한 말이라고 얼버무렸습니다.

오마이뉴스는 해당 기사에서 상당한 자료를 제시하며 문제를 제기했습니다. 물론 신규원전인 신고리 5·6호기의 경우 수명을 60년으로 잡았으니 한두 번 수명을 연장하면 금방 80년이 된다는 것입니다. 일면 의미가 있는 말인 듯합니다.

하지만 박 시장의 이 발언은 미국 원전의 속사정을 모르고 하는 말입니다. 또 이 발언은 원전이 경제성이 좋아서 계속 가동하는 것으로 오해를 초래할 수 있습니다. 원전은 노후되면 경제성이 떨어집니다. 정비를 계속해야 하고 규제기관의 요구에 따라 안전성을 보강하기 위해 꾸준히 예산을 투입해야 하기 때문입니다. 수명을 다 채우지 못하고 중도에 폐로하는 미국 원전들은 대부분 경제성 문제 때문입니다. 이렇듯 미국 원전들은 경제성 문제로 압박을 받기 때문에 정부의 예산 지원이 필요합니다. 그냥 폐로하면 실직자가 많이 생겨나 사회적·정치적 문제가 되기 때문입니다. 미국 원전은 규제기관의 안전감시와 규제에 따른 안전성을 확보하며 최대한 가동을 추진하다가 경제성에 압박을 받게 되면 정부 지원이 없는 경우 결국 폐로하게 됩니다.

IAEA PRIS(국제원자력기구 원자로정보시스템)의 세계 원전 연령분포 통계자료에 따르면 2022년 8월 1일 기준 전 세계에 439개 원전이 가동 중이며, 이 중 53년째 가동하는 최고령 원전은 5개이고 60년을 초과하는 원전은 한 기도 없습니다. 박 시장의 발언이 근본적으로 잘못된 것임을 확인할 수 있습니다.

또한 일본 정부는 후쿠시마 원전의 방사능 오염수를 해양에 방출하겠다고 공식 결정함으로써 주변국을 불안하게 하고 있습니다. 2022년 대선 당시 친원전을 표방한 야당 후보 윤석열은 해양 방출은 반대한다면서 안전성을 입증해 결정하겠다고 했는데, 이는 사실상 허용하겠다는 의미였습니다.

아베 전 총리 조문차 일본을 방문한 박진 외교부 장관이 2022년 7월 19일 기시다 후미오 총리를 예방한 후 3일 만인 7월 22일 일본 원자력규제위원회는 후쿠시마 오염수 방류 계획을 승인했습니다. 130만 톤에 이르는 오염수의 저장 한계로 인해 알프스ALPS라는 다핵종제거설비로 재차 오염을 제거한 뒤 희석하여 해안에서 약 1km 떨어진 먼바다로 해저터널을 이용하여 방류한다는 계획입니다.

이 방사능 오염수에는 알프스로 제거할 수 없는 삼중수소 외에 스트론튬, 세슘, 플루토늄, 아메리슘, 퀴륨 등 치명적인 핵종이 다수 포함되어 있습니다. 일본은 오염수에 삼중수소가 대부분인 것처럼 주장하지만 사실과 다르며, 허용치 이내에서 배출·관리되는 한국 원전 오염수와는 핵종에서도 근본적으로 차이가 있습니다.

일본 정부의 오염수 배출 계획은 현재 보관하고 있는 오염수 약 130만 톤을 2023년 4월 1일부터 2051년까지 하루 최대 500톤씩 처리·방류한다는 것이지만 일정은 약간 늦추어지고 있습니다. 이 배출 기간에 지하수가 원자로 밑바닥에서 올라와 회수된 오염수가 추가로 발생하므로 30년 넘게 소요될 것입니다. 따라서 오염수는 원자로 바닥에 녹아서 떨어져 있는 잔해Debris, Corium가 제거되지 않고서는 거의 영구적으로 배출된다고 보아야 합니다. 대부분 이 사실을 간과하고 2050년 정도면 방류가 끝나는 것으로 오해하고 있습니다. 사고 후 10년이 지난 지금까지 잔해에 접근조차 하지 못하고 있는 현실을 감안할 때 해체를 위한 잔해 제거가 요원하므로 30년이 아니라 수백 년까지, 아니 그 이상 계속 배출된다는 것을 의미합니다.

따라서 큰 저수조에 담아서 약 100년간 저장했다가 충분한 반감기를 거쳐 방사선이 충분히 약화되었을 때 배출하는 것이 환경보호 차원에서 가장 효과적인 방법입니다. 하지만 일본이 굳이 지금 해양 배출을 추진하는 이유는 간단합니다. 일본 경제산업성에서 자체 조사한 후쿠시마 원전 사고 처리비용 산출 결과, 오염수 처리에 있어 해양

배출이 가장 비용이 적게 들기 때문입니다.[13]

한편 지구적으로 장기적인 환경피해를 초래하는 원전에 대해 사회적 책임성을 강조하는 ESG(환경·사회·지배구조) 관점으로 원자력의 미래와 지속가능성을 살펴볼 필요가 있습니다. 2011년 후쿠시마 원전 사고 시 방사능이 일시에 대량 배출된 이후 지금까지 누적 배출된 총량은 구체적으로 확인된 바가 없지만 상당할 것으로 추정됩니다. 방사능은 환경으로 배출되면 희석되어 오염이 확산되지만 어딘가에 쌓여 있기 때문에 단지 경제성을 이유로 환경으로 배출하는 것은 결국 배출되는 총량을 증가시키므로 환경에 안 좋습니다.

후쿠시마 원전 지하에는 원자로 내부에서 녹아 흘러 내려온 핵연료 물질Corium이 있으며, 계속 올라오는 지하수가 냉각기능도 하지만 넘쳐 오르는 지하수를 계속 배출하여야 하므로 지속적으로 오염수가 생산됩니다. 따라서 한번 방류가 허용되면 오염수가 수백 년간 방류될 수도 있습니다. 현재도 후쿠시마를 비롯한 8개 현의 어류와 농수축산물에서 10% 이상 세슘 등 방사능이 측정되고 있습

---

13 장정욱, 후쿠시마 제일원전의 현황과 전망, 2019.9.9., 국회의원회관.

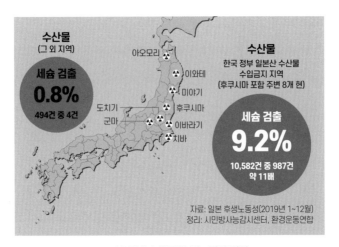

2019년 일본 수산물 방사능 검사 결과

니다. 지속적인 방류는 이 오염도가 지속됨을 의미하게
되며 생태계에 끼칠 영향이 상당히 우려스럽습니다.

이들 오염은 공기와 물로 배출된 오염물질 때문입니다.
이들을 희석해 배출하더라도 이 행위는 결국 지구적 환경
을 위협하는 방사능 오염을 꾸준히, 반영구적으로 배출·
증가시키므로 국제사회의 일원으로서 환경을 보존해야
할 책임과 의무를 저버리는 것이 됩니다. 인위적인 핵분
열로 발생한 방사능은 세상과 격리하든지 없애든지 해야
하지만 지난 50년간 유지된 '기술적으로 해결될 것'이라
는 희망은 무의미해졌습니다. 또한 지진 등 자연재해가

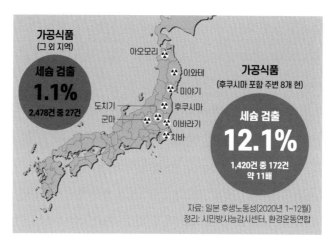

가공식품
(그 외 지역)

세슘 검출
1.1%
2,478건 중 27건

아오모리
이와테
미야기
후쿠시마
도치기
군마
이바라기
치바

가공식품
(후쿠시마 포함 주변 8개 현)

세슘 검출
12.1%
1,420건 중 172건
약 11배

자료: 일본 후생노동성(2020년 1~12월)
정리: 시민방사능감시센터, 환경운동연합

2020년 일본 가공식품 방사능 검사 결과

종류	검사 건수	검사 비율*	검출 건수	검출률**
수산물	11,076	7.9%	982	8.9%
농산물	14,588	10.4%	2,437	16.7%
축산물	106,012	75.9%	269	0.3%
야생조수	2,685	1.9%	1,111	41.4%
가공식품	3,898	2.8%	199	5.1%
우유, 유제품	1,472	1.1%	3	0.2%
총계	139,731	100%	5,001	

* 검사 비율: 총 검사 건수 대비 종류별 검사 건수 비율
** 검출률: 검사 건수 대비 방사성물질 검출 비율
자료: 일본 후생노동성(2020년 1~12월)
정리: 시민방사능감시센터, 환경운동연합

2020년 일본 농수축산 식품 방사성물질 검사 결과

끊임없이 발생하고 있는 일본에서 현재와 같은 무리한 원전 정책을 추진하는 경우 후쿠시마 원전 사고와 같은 중대 사고가 재발하지 않는다고 누가 장담할 수 있을까요?

2019년 11월 프란체스코 교황이 일본을 방문했을 때 "원자력발전은 안전이 완전히 보증될 때까지 이용해서는 안 된다"라고 언급한 것은 원전에 대한 강력한 경고가 아닐 수 없습니다. 최근 원전이 조건부로 EU 택소노미(유럽 녹색분류체계) 초안에 포함되자 일부 회원국이 반발하며 유럽 사법재판소에 제소하겠다고 합니다. 조건은 '2045년까지 건설될 신규원전의 사고 저항성 핵연료 사용과 2050년까지 사용후핵연료의 안전한 처분' 등입니다. 해결하지 못하고 있던 근본 문제에 대해 EU 택소노미의 조건으로 해결 요구와 일정을 제시한 최초의 일입니다. 이러한 근본 문제가 해결되지 않으면 원전을 청정에너지로 볼 수 없다는 것입니다.

현실을 바로 볼까요? 500~700조 원에 달한다는 후쿠시마 원전 사고 비용을 고려할 때 2022년 현재까지 투자된 130조 원은 시작에 불과합니다. 원전 지역의 인구밀도를 보면 우리나라는 만일의 사고 시 피해가 훨씬 크리라는 것을 쉽게 예상할 수 있습니다. 그럼에도 불구하고 준

비된 한수원의 사고보험 비용은 겨우 1조 5,000억 원이니, 나머지는 피해 주민들이 스스로 알아서 해결해야 합니다. 우리나라가 준 전시국가인 점을 감안하면 우크라이나의 자포리자 원전이 러시아의 위협을 받고 있는 점을 고려할 때 너무 안일한 자세가 아닐 수 없습니다. 전 국민의 건강과 목숨이 인질이 되어 있다고 해도 전혀 과장이 아닙니다.

또한 원자력발전은 안전을 볼모로 지역 일대의 소수를 희생시키며 다수의 이익을 위해 전기를 생산하는 것이므로 민주적이지도 않습니다. 월성 원전 지하 누설에 따른 근본 조치 없이 신통한 결과 없는 생계형 연구비로 지난 20여 년간 국가 연구비 2조 7,000억 원을 투자한 것은 사회적 책임을 저버린 것입니다. 물론 기업을 포함한 전체 규모는 이의 몇 배가 되겠지만 지역의 희생을 볼모로 자기들 연구비 확보에만 혈안이 되어 있는 모습입니다. 이것은 전혀 정상적이지 않습니다. 오히려 안전하다는 확신을 바탕으로 가치관이 설정되어 있어서 또 다른 범죄행위를 가능케 하는 분위기를 조성하게 된다는 것을 학자와 연구원들이 제대로 인식하지 못하게 됩니다.

이처럼 교수나 연구원들이 자신들의 연구비를 위해 결

사적으로 원전은 무조건 안전하다는 식으로 적극 방호하는 모습을 보니 참으로 안타깝습니다. 사고는 연구실에서 나지 않습니다. 막대한 규모의 연구비를 투자해도 이러한 현장의 안전 문제는 여전히 그대로인 것을 저는 여러 현장에서 목격했습니다. 2021년 10월 원자력안전위원회가 의결한 한수원 과징금 27건도 그렇습니다. 약 300억 원의 과징금을 부과하기 위한 원안위 회의 참석 요청에 정재훈 당시 한수원 사장은 갖은 핑계를 대며 수개월째 참석을 미루다 결국 불참하였습니다. '원안위가 벌금을 물리려면 알아서 하라'는 식으로 오만방자하게까지 비칩니다. 역대 최대의 과징금은 원전 운영에 있어 안전을 최우선으로 하여야 함에도 독점적 지위를 이용해 사업에만 몰두한 결과일 것입니다. 최고경영자의 제대로 된 안전 의지는 보이지 않았습니다. 국민은 원전 운영 최고책임자의 안전 의지를 확인하고 싶은 것입니다.

정재훈 전 사장은 2021년 중반 원전안전자문위원회를 설립하고 여기에 전 원자력안전위원, 원자력안전기술원장 등 원안위 출신 인사를 다수 위촉하였습니다. 이들 중에는 사업체를 가지고 있는 사람이 많습니다. 누가 보아도 자문위원들이 한수원의 안전을 자문하는 것이 아니고 규제기관에 영향력을 행사하는 것으로 볼 여지가 많습니다. 이러한 형식적이고 취약한 안전문화로 원전을 운영한다는 것은 상당히 위험한 일입니다. 그 절대적인 사례가 2020년 국감에서 전혜숙 의원이 지적한 후쿠시마 후속 조치의 결과입니다. 1조 1,000억 원을 투입해 2015년까지 후쿠시마 원전 사고에 따른 안전 개선 후속 조치를 완료하겠다고 했지만, 2020년까지 5,000억 원도 투입하지 않은 것이 확인된 것입니다. 이는 안전문화의 결여로 볼 수 있는 점입니다. 시민사회의 철저하고 꾸준한 확인과 감시가 필요하다고 볼 수 있습니다.

2020년부터 월성 사용후핵연료 건식저장을 확장하면서 논란이 된 사용후핵연료 발전소 내 저장 문제도 지역 동의를 받는 민주적 절차가 부실하여 안전문화가 결여된 독점적인 원전산업 지배구조를 보여줍니다. 후쿠시마 원전 사고와 같은 원전 중대 사고가 우리나라에서 발생하지 않으리란 법이 없으며, 그 누구도 이를 부정할 수 없습니다. 하지만 후쿠시마 원전 사고에서 보았듯이 책임지는 사람은 없습니다. 관련 기사는 다음과 같이 적고 있습니다.[14]

---

14 후쿠시마 원전 관리책임자 '무죄' 판결 - VOA 2019.9.19.

일본 도쿄지방재판소는 2019년 9월 19일 업무상 과실치사상 혐의로 기소된 가스마타 스네히사 전 '도쿄전력' 회장과 무토 사카에 전 부사장, 다케쿠로 이치로 전 부사장 등 사고 당시 경영진 3명 모두에게 무죄를 선고했다. 후쿠시마 원전 사고 이후 시설 운영사인 도쿄전력을 상대로 민사상 손해배상을 청구한 재판은 여럿 있었지만, 형사재판은 이번이 처음이다. 지난 2011년 당시 일본 동부 일대를 덮친 지진과, 뒤따른 쓰나미(지진해일)로 원전 시설이 파괴되면서 방사능이 유출됐다. 이에 따라 인근 지역 주민 47만여 명이 대피했고, 1만 8천500명 가까이 관련 사건으로 사망하거나 실종됐다. 방사성물질 노출에 직접 관련된 사망 사례는 확인되지 않았다고 일본 정부가 밝힌 바 있지만 일본 검찰이 도쿄전력의 당시 경영진에 적용한 구체적 혐의는 원전 근처 병원에 입원해 있던 환자들의 사망 등에 대한 원인 제공에 따른 혐의다. 또한 피난한 환자 중 40여 명이 영양실조와 탈수 증상으로 숨진 데 대해 사전 대응과 관련한 과실 책임을 물은 것이다.

대형 원전 사고의 경우 이처럼 책임자를 정할 수 없습니다. 피해 규모와 피해의 지속성에 따라 인간이 책임을 지기에는 한계가 있는 것입니다. 그렇다고 책임을 안 진다고 해서 무작정 추진하는 것은 문제가 있습니다. 즉 사회적 책임의식은 있겠으나 책임지는 자가 없는 원전 사고는 피해를 보는 주민들이 그 책임을 강제로 떠안았다고 보아야 하므로 지배구조에서 핵심 역할을 당연히 해야 합니다. 그러므로 원자력 분야에서 안전과 관련한 중요 정책에서 지역주민 개개인의 의사가 의사결정에 반영되어야 합니다. 이는 주민공청회로 끝날 일이 아닙니다.

결국 원전 운영에 따른 기술적인 측면도 중요하지만, 주민참여를 비롯한 잘 구축된 체계적인 안전문화를 기반으로 신뢰를 구축하여야 합니다. 이를 위한 환경(E)과 사회적 책임(S), 지배구조(G)가 취약한 원전이 지속 가능하다고 보는 것은 망상에 가깝습니다. 불투명한 핵에 대한 막연한 기대와 희망을 갖고 진흥 중심으로 무모하게 추진할 것이 아니라 원자력계 스스로 국민적 신뢰를 확보하는 안전 중심 정책으로 전환하고 지속 가능한 원자력산업의 미래 출구전략을 마련해 미래 에너지산업 변화에 적극 대응하여야 합니다.

벌거벗은 '원전바보' 대통령 만들기

"우리가 5년간 바보 같은 짓 안 하고 원전 생태계를 더욱 탄탄히 구축했다면 지금은 아마 경쟁자가 없었을 것이다."

2022년 6월 22일 창원의 제작사 현장을 방문한 자리에서 윤석열 대통령이 한 말입니다. 탈원전 문재인 정부 5년간 제작업체들이 일감 절벽에 내몰려 '폭망'한 원전 생태계의 시급한 복원이 필요하다는 것입니다. 이어서 7월 12일에는 산업통상자원부 장관의 단독 보고를 받고 "원전 생태계의 조속한 복원"을 지시했습니다. 하지만 문재인 정부 5년 내내 우리나라는 국내외에 1,400MW 대형원전 8기(11.2GWe)를 건설 중이었습니다. 이처럼 활발한 원전건설은 우리나라 외에 중국과 러시아 기업 정도인데, 우리나라 원전 생태계가 위기라는 말은 대체 어디서 나온 것일까요?

2022년 4월 윤 대통령은 창원의 중소기업을 방문하여 원전 생태계의 심각성을 직접 확인했다고 합니다. 어느 중소기업은 2016년 원전 매출이 좋으니 전망도 좋다고 생각해 수백억 원까지 투자하며 공장을 늘렸다가 2020년 매출이 급감하자 폐업했습니다. 문 정부 출범 전인 2016년에는 다들 활황이었는데, 탈원전 문 정부 시절인 2020년에 망했다는 사례가 공통적이었습니다.

왜 2016년과 2020년일까요? 2011년부터 2020년까지 10년간 원전 공급 산업체의 매출은 대체로 20조 원을 약간 웃도는 수준이었습니다. 그러나 UAE 기자재 공급으로 2016년 역대 최대치인 27조 원에 달했다가 2020년 22조 원으로 감소합니다. 5조 원의 감소분은 2016년 4조 원을 상회하다 2020년 1조 원 이하로 떨어진, UAE 원전 수출로 인한 국내 원전 산업계의 급격한 매출 변동이 지배적 요인이었습니다. 이것이 탈원전 바보짓 때문으로 둔갑한 것입니다.

우리나라 원전 중소기업의 평균 원자력 매출 비중은 15% 내외입니다. 두산에너빌리티(두산중공업㈜에서 2022년 3월 사명 변경)의 경우 원자력 매출 비중은 5% 정도라 원전 매출이 없어도 당장 망하지 않습니다. 지난 10년간 영업이익은 1~2년이 멀다 하고 1조 원과 1,000억 원 사이를 오갑니다. 영업이익 변동성이 높은 기업에 매출 비중을 크게 의존하는 중소기업은 유동성 위기에 몰릴 가능성이 큽니다. '온 타임 온 버짓on time, on budget' 또한 자랑할 일이 아닙니다. 한빛 3·4호기는 부실한 증기발생기와 콘크리트 공극으로 몸살을 겪고 있으며 공극 문제는 UAE 원전에서도 그대로 반복되었습니다. 이처럼 지속가능성이 취약함에도 문 정부의 탈원전을 탓하며 시장경제주의자인 대통령에게 그릇된 원전 생태계 정보를 주고, 후쿠시마 원전이 폭발하지 않았다고 하는 눈먼 '원전바보' 대통령을 만든 이유는 무엇일까요?

취약한 생태계 관리도 문제입니다. 우리나라의 원전 기자재는 일부는 한수원이 직접 발주하지만 대부분 제작은 두산에, 시공은 건설대기업에 일괄 발주합니다. 중소기업은 대기업 하청으로 들어갑니다. 이익을 추구하는 대기업이 중소협력사에 수주액의 절반만 지급해도 불만을 제기하지 못합니다. 국가 세금으로 구축한 원전 사업이 고양이에게 생선을 맡기는 격인 대기업 특혜 사업으로 변질되고 맙니다. 관료화가 심화되고 하청 공급사 품질에 대한 기술관리도 취약해 비리가 개재될 가능성이 커집니다. 이러한 기형 구조에서는 공급망을 효율적으로 관리하기 어렵습니다. 해외의 경우 설계자인 엔지니어링사가 발주처로서 중소기업에 직발주하고 시공관리까지 총괄하며 생태계 관리까지 합니다.

그러나 원전 매출이 저하될 것이 예상되면 원전 생태계 유지를 빌미로 한정 없이 건설만 할 것이 아니라 지속 가능한 타 분야로 국가가 사업다각화를 지원하는 것이 보다 합리적입니다. 원전을 줄이고 재생에너지를 늘리는 세계 에너지 시장의 추세에 역행하면서, 신한울 3·4호기 건설 등 원전 중심 에너지정책을 고집하며 자칭 시장경제주의자 대통령을 눈먼 '원전바보'로 만드는 것이 국익에 어떤 도움이 되는지 심히 우려됩니다. 원자력계는 이에 답해야 할 것입니다.

다름 아닌 원전이 '바보짓'인 이유

우리나라는 1978년 4월 국내 최초 상업운전에 돌입한 고리 1호기를 시작으로 원자력시대에 접어들었습니다. 고리 1호기는 가동되자마자 1979~1980년 이란혁명으로 석유생산량이 대폭 감축되어 전 세계에 석유파동으로 경제위기가 닥쳤을 때 중요한 역할을 했습니다. 유가가 4배가 오를 당시 최저 연료비로 600MWe의 전기를 꾸준히 생산했으니 개발도상국에서 선진국으로 도약하는 데 중요한 역할을 한 것입니다.

하지만 지금 우리는 재생에너지 가격이 원자력에 역전하는 시대에 살고 있습니다. 또한 그동안 원전의 화려한 이면에 숨겨졌던 문제가 속속들이 알려졌습니다. 그것은

TMI, 체르노빌과 후쿠시마에서 여실히 드러났습니다. 또한 고질적인 안전 문제와 함께 아직도 미제로 남아 있는 사용후핵연료 문제입니다. 최근 발생한 원전 중대 사고인 후쿠시마 원전 사고는 세계 최초로 다수 호기 문제를 보여주었지만, 국내 원자력계는 연구비만 수백억 원을 쓰고도 꿀 먹은 벙어리입니다.

일본은 수백조 원에 이르는 피해액과 복구 비용으로 위기 상황인데 우리나라 원자력계는 후쿠시마 원전 사고로 사망자가 한 명도 나오지 않았다고 주장합니다. 2018년 9월 일본 보건복지부가 방사선 피폭 사망자를 뒤늦게 인정하고 피해 보상을 추진하는 것이 BBC 뉴스에 보도된 바 있지만, 문제는 사망자 논란에도 불구하고 국가를 나락으로 빠뜨리고 있는 수백조 원의 복구비입니다. 지금도 원자로 하부 콘크리트 바닥에 녹아있는 핵연료 덩어리에는 접근조차 못 하고 있습니다. 지하수가 계속 올라오니 처리하여 탱크에 저장하고 있는데 그동안 쌓인 130만 톤에 달하는 오염수를 바다에 방류하겠다고 합니다. 이는 수백 년, 아니 그 이상의 기간 꾸준한 오염수 배출로 지구 오염을 지속시키는 무책임성의 극치입니다.

일본 대법원에서는 후쿠시마 원전 사고 피해에 국가의

책임이 없다고 결론지었습니다. 2019년 9월에는 도쿄전력 수뇌부에 대한 재판에서 경영진도 책임이 없으니 무죄라고 대법원에서 판결하였습니다. 따라서 원전 사고는 경영자도 국가도 책임이 없다는 뜻이 됩니다. 아무리 충분히 보상한다 해도 사고 피해가 발생한 뒤 피해자에게 주는 보상이 무슨 의미가 있을까 싶습니다. 원전이 자동차 사고나 산재 사고와 비교할 수 없는 안전성을 확보했다고 주장하지만 원전 사고가 발생하지 않는다고 누가 장담할 수가 있을까요? 사고가 안 나면 다행이지만 사고가 나면 끝장인, 속일 수 없는 원전 내면의 폭력성이 드러납니다.

원전은 국가사업이라는 명목으로 이해자와 피해자가 '따로'인 전형적인 사업입니다. 이익을 보는 사업자는 만일의 사고 시 스스로 대책을 마련하여 피해에 대비합니다. 하지만 어느 순간 영문도 모르게 방사능을 뒤집어쓸 지역주민과 시민들은 피해를 고스란히 보게 됩니다. 원전 이익을 노리고 사업을 추진하는 원전 산업계는 이 점을 간과하면 안 됩니다. 지역과 시민의 동의 없이 추진되는 어떠한 원전 정책도 무의미합니다.

2022년 6월 22일 윤석열 대통령은 창원에서 탈원전 5년은 바보짓이었다고 발언했습니다. 2022년 7월 12일에는 산업통상자원부 장관에게 원전 생태계를 복구하라고 지시했습니다. 현재 우리나라는 원전 24기를 가동 중이며 4개 호기를 건설 중인데 원전 생태계가 파괴되었다면 그 생태계는 원전과 무관한 다른 것입니다. 공급망을 기술적으로 극복해야 하는 이유입니다.

지역 일부 가공업체가 피해를 봤다고 하나, 중소기업의 원자력 매출 비중이 평균 15% 정도이니 80%까지 이르는 과다한 매출 비중으로 유동성 문제가 발생한 기업들입니다. 두산에너빌리티도 원자력 매출 비중이 5%에 지나지 않습니다. 상황이 어려운 중소기업들은 변동성이 큰 원전 사업에 매출 비중을 과도하게 유지하며 무리한 투자로 유동성 문제가 발생한 경우가 대부분입니다. 매출 변동성이 큰 원전 사업의 시그널을 잘못 제시하여 발생한 문제이며 이는 탈원전과 무관합니다. 어디까지나 합리성을 바탕으로 에너지정책을 구축해야 합니다. 지나치게 정치적인 이슈로 다루면 자금력이 취약한 중소기업들을 위험으로 내몰 수 있습니다.

윤 정부는 2030년까지 원전 비중을 30% 이상으로 올리고 재생에너지는 30%에서 20%로 줄이겠다고 합니다. 화석에너지와 원전은 줄이고 친환경 자연에너지를 활용하는 에너지산업의 세계적 흐름을 거스르는 발언입니다. 유럽이 탄소국경세 도입을 서두르고 있는데 재생에너지를 늘리지는 못할망정 오히려 줄이는, 무모한 원전 중심 에너지정책으로 국가 수출경쟁력을 낙후시키고 있으니 정말 바보짓이 아닐 수 없습니다. 이로 인해 국가 경제가 후퇴하는 것은 누가 책임질 것인가요? 강화된 안전정책과 함께 지역주민과 시민의 동의 없이 원전 산업계의 말만 듣고 추진하는 원전 정책은 특정 이해자에게만 편중되므로 국가경쟁력을 강화하는 에너지정책이 될 수 없습니다.

04

원자력산업의 미래

원자력과 사회적 책임

    세계적으로 에너지전환이 대세이므로 원자력산업은 이제 최소한 전성기는 지났다고 봐야 합니다. 세계 어느 시장을 보더라도 40~60년 가동하는 원전은 한번 짓고 나면 상당 기간 추가로 지을 필요가 없어집니다. 즉, 수요가 다 차면 그 나라에서는 추가적인 건설이 필요 없게 됩니다. 따라서 원전은 그 나라 전력수요의 일정 비율을 채우기 위해 건설되며, 그 목표를 달성하게 나면 추가건설은 더 이상 진행되기 어렵습니다. 우리나라도 이제 원전이 전력수요에서 30% 넘는 비중을 차지하기 때문에 추가적인 건설은 필요가 없습니다. 이러한 추세는 미국, 일본, 프랑스 등 모든 서방국의 공통점입니다. 하지만 친원전을 표방한 윤석열 정부는 신한울 3·4호기와 같이 지난 정부에서 포기한 원전을 건설하겠다고 합니다. 원전 수출을 위해 제조, 건설, 핵심 기기 공급자를 비롯한 시공까지 전체 인력구성과 제조 기반을 의미하는 공급망이 유지되어야 하기 때문입니다.

하지만 원전의 핵심적인 문제는 사용후핵연료입니다. 사용후핵연료를 이용한 핵무기 제조 가능성은 실제로 원전건설·운영을 목표로 하는 많은 국가가 미련을 못 버리는 중요한 이유가 되고 있습니다. 우리나라도 마찬가지로 주변국이 전부 핵무기를 보유한 강대국들이기 때문에 이에 대한 필요성이 제기되고 있습니다. 하지만 이는 원전 기술도입 당시 한미원자력협정 등으로 인해 철저히 차단되어 있습니다. 정치·외교적 노력은 쉽지 않으며 오히려 약점만 노출되어 강대국의 요구를 들어주다 나라가 거덜날 가능성이 높습니다. 그 대가는 상상을 초월하는 수준이 될 수 있습니다. 강대국이 되는 것은 경제력으로 가능한 일이지만 국방까지 남의 나라에 맡겨선 진정한 자주국이 될 수 없으므로 이는 반드시 해결되어야 할 일입니다.

하지만 핵이 유일한 길이 아닌 것은 분명합니다.

얼마 전 시민언론 민들레에 기고한 글(민들레광장 〉 이정윤 칼럼)에서도 자세히 다룬 바 있습니다. 지면을 빌려 독자들에게도 소개하고자 합니다.

— 📑 —

2023년은 원전위험 증폭의 해(2023년 1월 4일)

2022년 5월 출범한 윤석열 정부는 8개월 내내 문재인 정부를 비판했는데 그중 하나가 탈원전정책이다. 윤석열 대통령은 6월 창원의 한 업체를 방문한 자리에서 "탈원전은 미친 짓"이라는 살벌한 표현을 구사한 바 있다. 탈원전정책으로 중소기업 일자리가 없어지고 지역 경제와 나라 경제가 어렵게 된다는 것이다. 또한 원전 수출로 국부를 창출하여야 하는데 탈원전으로 멀쩡한 원전은 세우고 신규 건설은 중단하고 수출은 안 하면서 원전 생태계가 무너지고 경제가 어려워졌다는 것이다.

지난달 14일 신한울 1호기 준공식사에서 윤석열 대통령은 에너지 위기 시대에 수습 불가능한 상황까지 몰고 갔던 탈원전 정책을 폐기하고 수출지원을 확대하여 세계 최고 원전이 세계로 뻗어나가게 하겠다는 의지를 보였다. 이를 위해 2022년에는 1조 원

을, 2023년에는 2조 원으로 확대 지원하며, 특별법을 제정하여
고준위 핵폐기물을 책임지고 관리하겠다고 했다. 계속운전도 속
도감 있게 추진하고 원전 운영, 건설에서 안전을 최우선으로 하
겠다고 하였다.

원전 사업자에 편향된 정치논리

이는 산업계 요구를 최대한 수용한 것이다. 세계적인 원전 불황
이 우리의 탈원전정책 탓인 것으로 호도하고 탈원전정책을 폐기
하면 원전 산업계가 활성화될 수 있다는 정치논리에 따른 결과
다. 이제 정권을 잡았으니 다 이룬 것일까? 이렇게 원전산업을 지
원하면 원전 산업계가 정말 다시 활발하게 성장할 수 있을까? 차
라리 내년에 두 배로 확대한다는 정부지원금이 목적이 아닐까?
일국 지도자가 전체를 보지 못하고 원전 사업자의 편향된 원전
중심 정치논리에만 빠진다면 사태는 심각해질 수 있다.

문재인 정부에서 원전 전기 판매량은 2017년 27.1%에서 2021
년 28.0%로 비중이 오히려 늘었다. 같은 기간 신재생에너지 비
중도 4.3%에서 4.8%로 미미하게 증가했다. 등락을 크게 좌우한
것은 줄어든 석탄(-8.8%)과 확대된 LNG 가스(7.8%)였다. 탈원전
정책은 2023년 고리 2호기를 필두로 신고리 5·6호기의 60년
수명이 종료되는 2080년대까지 원전 비중을 점진 축소하여 산

업계 충격을 최소화하는 정책이었다. 탄소중립을 위한 친환경 에너지산업을 육성하여 매년 1,400조 원 투자로 급성장하는 세계 재생에너지 시장을 주목한 합리적인 정책이었던 것이다.

윤 정부 들어 의욕적으로 원전 수명연장을 추진하며 안전을 최우선으로 하겠다고 했지만 처음 추진하는 고리 2호기 방사선 환경영향평가서를 보면 말로만이다. 원자력안전법 시행령 38조 2항에 따라 최신 기술기준을 적용해야 함에도 규제기관에 제출하여 검토 중인 고리 2호기 방사선 환경영향평가보고서는 1979년 기술기준인 NUREG-0555에 따라 작성된 것이며, 최신 기술기준(NUREG-1555, 2018년 개정 5판)을 적용하지 않았다. 이로써 지난 40년 동안 필요하다고 인정된 안전 강화를 위한 대책은 거의 필요 없다는 결과를 가져왔다. 규제기관은 이 같은 부실한 보고서를 접수하여 심사 중이다. 주민공청회는 수명연장을 위한 법적 요건을 맞추기 위한 형식에 불과하다. 지난해 12월 22일 부산시청에서 있었던 고리 2호기 계속운전 공청회는 부실한 방사선 환경영향평가보고서에 대한 내용 토론은 없이 찬반 논리로 몰고 가더니 마지막에 결국 대절 버스를 타고 온 주민들의 소란으로 끝났다. 민주적 공청회라기보다 기획된 작품처럼 보였다. 변화된 환경에 부응하는 안전 평가와 보강 없이 수명을 연장한 결과로 돌아오는 것은 위험성 말고 무엇이 있을까?

세계 흐름 무시한 사양산업 원전 집착

세계 최고 원전이라는 한국 원전은 35억 원/MW로, 83억 원/MW(러시아), 76억 원/MW(미국)에 비해 건설비가 가장 싸다. 싸면 그만큼 안전수준이 약하다는 의미다. 가동 원전 운영비 또한 마찬가지다. 수출해도 안전문제로 후일 부담이 만만치 않을 수 있다. 대부분 자국 원전건설 시기에는 활황이지만 내수가 충족되면 해외 수출에 나섰다가 망했다. 시장이 없는 데다 그나마 수주에 성공해도 늘어지는 건설 공기와 고비용이 화근이다. 사용후핵연료 등 폐기물 처분도 쉽지 않은 과제다. 세계 원전 역사상 최악의 원전 사고를 겪은 일본은 전국이 '불의 고리'에 해당하는 지진대임에도 호기당 2조 원을 투입하며 원전 재가동에 적극적이다. 후쿠시마 원전 인근 지역은 강제 회귀 정책으로 일부 돌아온 주민들이 오염된 땅에서 농사를 짓고 있다. 오염지역이라도 넓은 부지에 태양광 패널을 깔면 충분히 경제 회생을 노려볼 만함에도 굳이 '멀쩡한 것처럼' 농업에 종사하도록 하여 주민건강을 악화시키고 오염된 농수산물을 확산시키고 있다. 원전 사고 영향을 애써 작게 보이려 하는 어처구니없는 모습일 뿐이다.

원전은 사고가 발생하면 피해와 오염이 계속 확대될 뿐 아니라 영구적인 피해를 피할 수 없다. 약자를 희생시키는 핵의 폭력성과 거짓된 모습은 후쿠시마 원전 피해지역에서 유감없이 볼 수 있다. 이러한 원전의 위험성을 고려할 때 세계에서 가장 싸구려 원전을 40년 전의 오래된 안전기준으로 계속 가동하며 운영해야 할 이유는 없다. 정치논리에 몰두하다 세계시장 흐름을 놓치는 경우 오히려 국가 경제를 망하게 한다는 것을 알아야 한다. 사양 산업인 원전을 무작정 지원할 것이 아니고 원전산업의 조속한 구조 개편으로 핵심기술은 유지하되 우수한 원자력 기술을 이용하여 세계적으로 투자가 활발한 재생에너지 시장 등 보다 지속 가능한 산업으로 조속히 전환하는 것이 미래를 위한 합리적인 방법이다.

— 📑 —

후쿠시마 방사능 오염수보다 더 시급한 것(2023년 2월 16일)

후쿠시마 핵발전소 원자로 바닥에 녹아 흘러내린 코륨(녹은 핵연료가 콘크리트 등 구조물과 섞인 물질)에서는 지속적인 열이 발생하며 꾸준히 올라온 지하수가 이들을 식히고 있다. 이 오염된 물이 넘치면 바다로 그대로 배출되므로, 일단 끌어올려 다핵종 제거설비인 알프스ALPS로 일부 제염하여 탱크에 저장해 두고 있는데 지금까지 저장한 양이 130만 톤을 상회한다. 도쿄전력이 오염수 탱크 저장 한도에 도달해서 상반기 중 바다로 배출하려 하는데, 이는 국제사회의 비난을 감수하고서라도 비용을 최소로 줄이겠다는 의지로 보인다.

수십 년, 수백 년 지속될 오염수 배출

오염수에는 자연에 존재하지 않는 핵종들이 많다. 핵종들의 반감기(방사능 세기가 반으로 줄어드는 시간)는 다양해서 플루토늄239의 경우는 2만 4000년에 이른다. 이들 핵종들이 자연 방사선 수준에 도달하려면 시간만이 유일한 방법이다. 후쿠시마 원자로 내부에서는 시간당 500만 밀리시버트(방사선 피폭 단위)가 측정되고 있다. 일반인 피폭 한도가 1년 동안에 1밀리시버트임을 감안하면 원자로 내부의 방사능 수준이 어느 정도인지 가늠할 수 있다. 로봇조차 접근 불가능한 정도의 강한 방사선으로 11년이 지난 지금도 해체는 엄두도 못 내고 있다.

당장 해체가 어렵다고 잔해를 그냥 둘 수 없으니 건물 주변만 정리하고 체르노빌처럼 거대한 건물로 덮어씌우는 방법이 거론되지만, 임시방편에 불과하다. 원자로 바닥에 녹아 떨어진 코륨 덩어리를 치우지 않는 한 수십 년, 수백 년이 지나도 방사능 오염수는 계속 발생한다. 지하수가 꾸준히 올라오기 때문에 후쿠시마 오염수를 바다로 배출하기 시작하면 단시일에 끝나지 않고 지속해서 수백 년 이상 기약 없이 배출될 것이며 이로 인한 바다 오염은 광역 생태계에 지속적인 영향을 미칠 것이다.

이 때문에 후쿠시마 오염수 배출에 대한 우려가 크다. 후쿠시마 핵발전소 지역주민들만의 문제가 아니다. 주변국도 반대한다(혹은 반대해야만 한다). 동북아 광범위한 지역의 생태계가 장기적으로 영향을 받기 때문이다. 그런데 우리나라 원자력학계는 큰 문제 될 것이 없다고 주장한다. 거르고 희석해서 내보내니 환경 영향도 미미하고, 북태평양을 돌아 희석될 대로 희석되어 들어오니 우리나라 해역에는 영향이 거의 없다는 것이다. 피해 또한 미미해서 일본 연안 정도에 국한될 것으로 생각하는 것 같다. 이 때문인지 원자력안전위원회(원안위)는 올해 제주도와 우리나라 해안에 방사선 감시기를 7개 더 설치해서 40개 소 운영하고, 항공 항만 감시기도 올해 6기 추가하여 237개 운영하겠다는 정도의 대책만을 내놓고 있다. 후쿠시마 오염수 정보는 IAEA 공개에 의존하겠다는 수동적 자세를 벗어나지 못하고 있다.

원안위는 작년 말 "방사선 위험으로부터 두터운 안전망을 확보"하겠다고 대통령에게 2023년도 업무보고를 했다. 특히 중요한 내용은 "상시 모니터링을 통해 실재하는 방사선 위험은 즉각 대응하여 완화·제거하고 투명하게 공개"하는 등 "과장된 위험으로 국민이 불안하지 않도록 원안위가 역할을 수행하겠다"라는 것이었다. 말하자면 작은 문제로 호들갑 떨지 말라는 것이다. 웬

만한 안전문제 제기에도 통 시원한 대답을 하지 않는 불통 원안
위식 소통 의지가 이런 것 아닌가 싶다.

'상시 모니터링'은 이 땅의 핵발전소부터 해야

하지만 '상시 모니터링'을 통해 방사능 오염도를 투명하게 공개
하겠다는 대통령 보고 사항은 환영할 일이다. 현재 우리나라 바
다로 들어오는 후쿠시마 오염수 방사능은 미미하지만, 만일을 대
비해 감시기를 잔뜩 설치해 놓고 측정 결과를 공개하고 있다. 여
기에다 몇 개 더 설치해 후쿠시마 배출 오염수 감시를 강화하는
것도 중요하지만 실제 이보다 우리나라 핵발전소에서 바다와 대
기로 배출하는 방사능에 대한 감시가 훨씬 더 중요하고 시급하
다. 한국 핵발전소에서 배출하는 방사능이 후쿠시마 오염수보다
우리 근해에 미치는 영향이 더 크고 연안 지역주민 안전에 더욱
위협적이기 때문이다.

핵발전 시설에는 방사능 오염 가스를 대기로 배출하는 배출구가
있으며 바다로 오염수를 배출하는 통로가 있다. 여기를 상시 감
시하여 방사능 배출량을 투명하게 실시간으로 공개할 필요가 있
다. 필자가 현장 감시활동 당시 이것을 강력히 요구했지만, 한수
원은 한사코 반대했다. 지금까지 우리나라 핵발전소와 연구로에
서 이와 같은 실시간 배출정보를 공개한 적은 단 한 번도 없다. 이

기사를 읽는 원안위는 후쿠시마 상황과 관련해 과학적 사실을 토대로 소통하겠다고 하기 전에 우리나라 핵발전소에서 배출하는 방사능 오염수와 방사능 가스의 누출정보부터 '실시간'으로 감시해 국민에게 단 1초의 배출도 숨김없이 공개해야 한다. 이것이 진정한 안전소통일 것이다. 정보를 공개하지 않겠다고 한다면 규제기관이 국민 안전정보를 은폐, 조장하는 것으로 볼 수밖에 없다.

후쿠시마 오염수 배출은 필자 또한 근본적으로 반대하며, 기존에 누차 거론한 것처럼 대안이 없는 것도 아니라고 생각된다. 최근 한국을 방문한 '태평양도서국포럼PIF' 과학자들도 같은 생각이었다. 하지만 우리나라 방사능 배출을 제대로 감시하는 모습부터 먼저 보이고 나서 후쿠시마 핵발전소 배출 오염수의 방사능을 실시간으로 감시하면서 일본에도 투명한 공개를 요구하는 것이 타당하다. 따라서 원안위가 대통령에게 업무보고한 '상시 모니터링'은 당장 올해 우리나라 핵시설에 대해서부터 반드시 이루어지길 희망한다. 온라인 감시기를 설치하기 위해 국회의 예산 협조와 기술지원이 필요하면 얼마든지 무료 자문에 적극적으로 응할 용의가 있음을 밝힌다. 원자력안전위원회의 성의 있는 답변을 기대한다.

이처럼 후쿠시마 원전 사고 결과로 배출되는 방사능 오염수는 한두 사람이 책임을 감당할 일이 아닙니다. 결국 피해자인 지역주민과 시민사회가 최종 책임Social Responsibility을 지게 되므로 지역과 시민사회가 의사결정에 참여하는 지배구조Governance가 옳은 결정구조입니다. 이러한 참여 형태로는 프랑스의 지역정보위원회(CLI)와 일본의 신사협정을 들 수 있습니다. 프랑스의 CLI에서 의결하는 모든 안전 정보는 「원자력 분야의 투명성과 안전성에 관한 법률」에 의거, 법적으로 7일 이내에 제출해야 합니다. 일본에서는 지자체와 발전소가 신사협정을 맺어, 주민과 지자체가 동의하지 않으면 정지된 원전을 재가동할 수 없게 했습니다. 이 신사협정은 법적 강제조항은 아니지만 일본 총리도 존중하고 있으며, 현재 전국 원전 50개 중 절반이 폐로가 결정되었습니다. 발전소는 나머지 원전의 재가동을 위해 주민들과 소통을 활발히 진행하고 있습니다.

하지만 우리나라는 시민의 참여가 제한적이고 사업자가 원전 사업을 주도하고 있습니다. 이 점은 잘 살펴볼 필요가 있습니다. 또한 원자력 산업계는 사용후핵연료 처분 방법을 아직도 연구하고 있습니다. 발전소는 넘쳐나고 있는데 과연 방법이 언제 나올지 모르겠습니다. 원전 핵폐기물 처리는 시민의 동의를 구해야 하는 문제입니다. 어찌 보면 시민사회에 핵폐기물 처리를 강요하는 건지도 모를 일입니다. 원자력 산업계가 자체적으로 해결할 수 있는 일이 아닌 것입니다. 그런데도 원전건설과 수명연장에나 몰라라 하니 그동안 핵폐기물은 자꾸 생산됩니다. 이것은 사회적 책임을 지는 자세가 아니며 시민의 희생을 딛고 사업자의 이익만 고수하는 자세입니다. 여기서 원자력계의 어떤 사회적 책임을 찾을 수 있습니까?

시민에게는 원전이 유일한 에너지 옵션이 아니라는 점을 알아야 합니다. 세계 에너지 시장의 흐름은 에너지전환을 맞이하고 있습니다. 하지만 원자력 산업계는 한탕주의에 물들어 대규모 원전 수출사업을 고집하고 이를 위해 원전산업 생태계가 유지되어야 한다며 정부 지원을 요구하고 있습니다.

다음은 얼마 전 산경e뉴스의 [산경칼럼]에 기고한 글입니다.

원전수출 수지타산 불확실… 차기정부 부담 줄 우려 커

"헌법에 따른 국회 동의 절차 받아야"(2023년 2월 22일)

윤석열 정부가 출범한 이후 원전에 올인이다. 재생에너지는 금기시되는 수준이고 원전이 활주하니 원전 지상주의라고 부를 만하다. 원전 사업 활력을 어떻게 유지할 것인지는 간단하지 않다. 실제 일순간에 그치기 때문이다.

원전은 설비가 비싸서 건설비와 공기가 많이 들어간다. 대충 공기를 10년이라고 보면 두산이 공급하는 원자로는 2기씩 공급하므로 3년 제작해서 원자로 용기 2기 공급하면 끝이다. 이후 또 다른 건설을 기다려야 한다. 언제 발주될지 모른다.

UAE 원전건설이 계약된 2009년 이후 해외 원전건설은 지금까지 전무全無하다. 우리가 독자적으로 수출하려면 미국의 승인을 받아야 하기 때문이기도 하지만 수요도 거의 없다. 언제까지 기다려야 할지 모를 일이다. 된다 된다 하다가 세월만 간다.

관련 중소기업들은 이미 다른 분야로 전환하기 시작했다. 제어봉을 공급하는 기업은 한 번 계약에 100개 정도 1년 가공하여 납품하면 끝이다. 이후 10년 동안 사업이 없다. 그러니 제작 기간을 1년으로 보면 계속 이 사업을 하기 위해서는 10년 동안 매년 원자로 2기를 건설해야 한다. 지금 원전 생태계를 살려야 한다고 대통령까지 나서서 적극적인데 제어봉 제조회사를 살리자고 매년 10기 원전을 건설해야 할 판이다. 두산중공업의 경우 3년마다 원전 2기 정도는 건설해야 원자로 제조를 계속할 수가 있다. 원전건설 사업이 지속 가능하지 않다고 보는 가장 큰 이유다.

원전에 올인하는 윤석열 정부, 뒷감당은 누가 하나?

하지만 윤 정부에서는 원전건설의 명분이 원전 생태계를 살려서 원전을 수출하자고 한다. UAE 원전건설 수주 이후 지금까지 13년이 지나도록 한 건도 수출실적이 없는데 생태계를 유지하려면 국내 원전을 계속해서 건설해야 한다. 그러니 신한울원전 3·4호기 건설을 주장한다. UAE 원전건설은 끝났고, 현재 진행 중인 새울원전 3·4호기(신고리 5·6호기)도 건설은 끝나고 마지막 단계인 기기 시험에 들어가 있고 내년 핵연료 장전할 예정이라 공사가 끝났다고 봐야 한다. 그러니 일감이 끊긴 중소기업들을 살리자고 신한울 3·4호기 건설을 2024년에 시작해도 제조업이 납품 계약을 하려면 지금으로부터 3년 이상 소요되므로 조기 발주한다고 난리다.

4년 뒤 정권이 바뀌어 새울 3·4호기 건설을 중지시킨다면 조기 투자한 돈은 누가 책임지는가? 건설되어도 울진지역 송전설비가 충분하지 않아서 가동률이 50%라는 예측도 나온다. 그래서 원전으로 수소 생산을 한다고 또 거액의 투자를 하려고 한다. 송전 못하는 경우 수소라도 생산하겠다는 것이다.

하지만 이 기술은 입증되지 않은 기술이다. 마찬가지로 대규모 예산을 투입하는 고압직류송전HVDC도 마찬가지로 입증된 기술이 아니다. 대규모 투자 후 나중에 제대로 작동이 되지 않거나 성능이 나오지 않는 경우 누가 책임질 것인가?

원전 수출 - 국회 동의가 필요한 이유

무리한 원전 수출추진은 더 큰 문제다. 미국 승인을 받아 추진이 가능한 원전 수출은 미국이 사업을 포기해서 대형 지진으로 고생하는, 매우 사업성이 취약한 튀르키예 정도일 가능성이 크다. 성사되면 40조 원 규모의 대형 원전건설 수주라고 대규모 홍보를 할 것이다. 지지율도 올라가고 궁지에 몰린 윤 정부 전세를 단박에 뒤집을 것이다.

하지만 대규모 예산을 들여 건설해 놓고 지진 등으로 사고가 나면 누가 보상할 것인가? 이 때문에 사우디나 UAE로부터 '공동수출'이란 명분으로 '공동투자' 하자고 하지만 설득은 어려울 것이다.

무리한 단독 수출추진은 화를 입을 수 있다. 우리나라는 0.3g 규모보다 강한 강도로 원전을 설계한 경험이 없다. 더욱이 이 나라는 테러와 전쟁 가능성도 높아 60년 운전기간 중 어떤 일이 어떻게 벌어질지 모른다. 막대한 투자비 회수를 위해 60년 동안 튀르키예와 유리한 판매단가 조정을 위해 협상을 약자의 입장에서 수십 년간 진행해야 한다. 국제간 거래이므로 이명박 대통령 시절과 같이 아무도 책임지지 않고 묻힐 가능성이 높다. 그 뒤에 돌아오는 고준위 핵폐기물 처리 문제와 수십 년간의 협상거래, 자동 개입과 같은 나중에 밝혀질 우리가 모를 수밖에 없는 수주 당시 있었던 이상한 협상 결과들은 뒤에 오는 정부와 국민이 고스란히 감당해야 할 몫이다.

이런 수출은 하면 안 된다. 더 이상 UAE의 전철을 밟으면 안 된다. 원전 수출에 있어 철저한 수지타산과 각종 협상 내용을 확인하는 헌법 60조의 1항에 따른 국회 동의를 밟을 것을 엄중히 요구한다.

미국은 웨스팅하우스가 원전건설을 주도하는데, AP1000 원전을 개발하여 중국에 들어갔지만 새로운 설계개념인 피동형 냉각기능을 입증하는 데 많은 고생을 한 것으로 알려졌습니다. 우여곡절 끝에 중국이 밀어붙여서 9년 만에 상업운전을 시작했습니다.

자국 건설을 추진한 웨스팅하우스는 미국 사우스캐롤

라이나주의 VC Summer 원전을 건설했지만, 공기 지연으로 추가 비용 90억 달러가 들어가니 건설을 포기했다고 합니다. 추가로 조지아주의 Vogtle 원전은 공기가 6년 지연되어 2배가 넘는 340억 달러가 소요되고 있는데 계속 공기가 늦어져 400억 달러가 넘어갈 것으로 예상된다고 합니다. 한 기당 건설비가 24조 원입니다.

결국 자본잠식상태에 빠진 웨스팅하우스는 파산하여 캐나다의 자산운용사인 브룩필드비즈니스파트너스에 팔렸다가 다시 캐나다의 투자펀드에 팔렸다가 계속 적자를 이어가니까 지금 다시 매물로 나와 있다고 합니다. 웨스팅하우스가 캐나다 브룩필드에 인수되기 전엔 도시바 소유였는데, 도시바도 결국 적자에 허덕이다 자본잠식상태에 빠진 웨스팅하우스 때문에 애지중지하던 메모리반도체 사업까지 매각하고 영국 원전회사 뉴젠의 지분 60%도 매물로 내놓는 등 도시바 자체가 망하기 일보 직전이 되자 원전에서 완전히 손을 떼게 된 것입니다.

그런데 한때 한국 원자력 산업계가 매물로 나온 웨스팅하우스에 눈독을 들인다는 소문이 있었습니다. 대체 누구를 위한 원전건설인가요? 이런 웨스팅하우스와 함께 세계 원전 시장을 정복하겠다는 것은 어불성설이며 밭을 인수해서 철 늦어 물러터진 수박을 수확하겠다는 것과 마찬가지입니다. 세계 원전 시장도 축소되고 있지만 설사 수출한다고 해도 이런 문제점을 눈여겨봐야 합니다. 하지만 이는 미국 웨스팅하우스만의 문제가 아니고, 내수 건설시장이 종료된 원전 강국의 공통적인 현상입니다.

프랑스의 경우는 공산권을 제외하고 미국과 세계 원전 수출시장을 양분한다고 봐야 합니다. 프랑스는 국내외에서 EPR1600(유럽형 원전) 건설을 추진하고 있습니다.

영국 힝클리포인트C에 아레바가 EPR1600을 2기 짓고 있는데 15년의 누적 지연으로 호기당 18조 원에 가까운 공사비가 들고 있다고 합니다. UAE 원전에 수출한 1,400MW 한국 원전이 호기 당 5조 원인 것을 생각하면 얼마나 적자인지 알 수 있습니다. 또한 EDF(프랑스전력공사)가 영국과 건설 협의 중인 영국 가스냉각로 원전 사이즈웰C는 15년 공기로 예산이 420억~500억 달러에 이를 것으로 추정되고 있습니다. 핀란드 올킬루오토 원전은 EPR1600 1기로 32억 달러 확정금액으로 공급했다가 132억 달러가 들어가서 적자 누적으로 결국 아레바 원전 사업이 EDF로 구조조정되는 사태가 발생했습니다. 또한 프랑스 내에 건설 중인 플라망빌 3호기는 같은 EPR1600

임에도 26조 원이 소요되고 있다고 합니다. 따라서 이렇게 무모하게 추진하느니 그 예산을 차라리 재생에너지에 투입하는 것이 훨씬 유리하다는 주장이 팽배합니다.

가동 원전의 수명연장

미국에서는 원전이 이미 경제성을 잃었기 때문에 정부 보조금이 없으면 당장 문을 닫겠다는 곳이 하나둘이 아닙니다. 당장 원전 문을 닫으면 종사하던 근로자들이 대량 실직해 사회문제가 되기 때문에 수명연장까지 하며 계속 가동하기 위해 정부가 지원금을 주고 있습니다. 바이든 정부도 2022년 가동 원전의 수명연장을 위한 보조금으로 60억 달러를 책정했습니다.

2022년 5월, 미국 미시간주에 있는 팰리세이드 원전이 20년 수명연장을 허가받아 운전 중에 영구정지 결정이 내려졌습니다. 40년 수명허가를 받아 추가로 20년 연장 운전을 허가받았으나 11년간 연장운전 중 결국 영구정지 된 것입니다.

팰리세이드 원전은 한국 원전의 모태가 되는 CE형 원전입니다. 원자로 헤드에는 제어봉이 드나드는 실린더 같은 하우징이 있는데, 이 하우징의 용접부에서 누설이 여러 번 발생하다 오메가 밀봉용접부에서 누설이 발생하니 결국 영구정지 결정을 내린 것입니다. 특히 제어봉 하우징은 누설이 발생하는 경우 원자로 헤드 위에 빽빽이 수십 개의 실린더형 하우징이 있어 누설 부위 확인이 어렵습니다. 특히 오메가 용접부는 누설되는 경우 확인도 어려울 뿐 아니라 정비하기도 쉽지 않습니다. 원자로에서 누설은 허용되지 않으며 이러한 문제로 누설이 시작되면 연달아 누설이 진행될 가능성이 큽니다. 또한 접근이 불가능한 관계로 사전 비파괴검사 등으로 누설 가능성을 확인하기도 어렵습니다. 또한 누설이 일단 발생하면 원자로 냉각재가 누설되고 냉각재의 붕산수가 주변 기기를 심하게 부식시키기 때문에 추가적인 문제를 발생시킵니다. 따라서 연장운전 허가 기간이 남아 있었지만 결국 안전 문제로 바로 영구정지한 것입니다.

반면 우리나라 월성 1호기는 최신안전 기술기준도 제대로 적용 안 되어 부실한 수명연장이라는 오명을 쓰고 조기 폐로된 원전입니다. 하지만 이를 두고 일부에서는 안전에 문제가 없어 수명연장된 멀쩡한 원전을 탈원전 논리로 경제성을 조작해 폐로했다고 주장합니다. 이들 중

일부는 퇴임한 문재인 대통령을 고발하기까지 했는데, 우리 원자력계가 안전에 대한 개념조차 없는 것 같아 참으로 걱정스럽습니다. 윤석열 정부에서는 가동 원전을 18기나 수명연장한다고 합니다.

그런데 원전 사고가 나면 아무도 책임지지 않습니다. 이것이 원자력 사고의 특징입니다. 후쿠시마 원전 사고를 보더라도 사고의 규모와 피해의 지속성 면에서 책임자 몇 사람 처벌한다고 해결될 문제가 아닙니다. 결국 피해는 시민들이 보게 되므로 시민사회가 안전 문제에 있어 의사결정의 주체가 되는 것이 중요합니다. 이를 위해 일본은 원전과 지자체가 신사협정을 맺어 지역이 동의하지 않으면 재가동하지 않는다는 약속을 지키고 있습니다.

일본은 후쿠시마 원전 사고 이후 일부 원전의 재가동을 위해 눈물겨운 노력을 하고 있습니다. 후쿠시마 후속 조치에 호기당 2조 원 넘게 투자하고 있는 것이 그 사례입니다. 반면 우리나라는 24기 가동 원전 전체에 대해 5,000억 원도 투자하지 못하고 있는데, 이는 안전의식 결여의 결과라고 볼 수 있습니다.

다음은 시민언론 민들레에 기고한 글입니다.

핵발전소 '계속운전'의 함정(2023년 1월 27일)

핵발전소의 "신규 건설과 운영에 있어 안전을 최우선으로 속도감 있게 추진하라"라는 윤석열 대통령의 지난 12월 신한울 1호기 준공식 발언은 "안전을 중시하는 관료적 사고를 버리라"라는 6월 발언과 상충하여 대체 어찌하라는 건지 어리둥절하게 한다. 이 때문에 윤 정부가 추진하는 핵발전소 '계속운전'의 안전을 우려하는 질문을 자주 받는다. 단 한 번의 사고도 허용될 수 없는 것이 핵발전소이기 때문이다.

'계속운전'은 사업자 언어다. 실제는 노후 원전의 수명연장이다. '계속운전'을 하자는 것은 노후 원전이라도 지금까지 잘 관리하며 안전하게 운전했으니 조금 더 운전해도 문제가 없다는 것이다. 정말 그런 것인가?

윤 정부에서 추진하는 수명연장은 고리 2호기가 처음인데 40년 운영 허가 기간을 10년 더 연장한다는 것이다. 40년 가동 중 주요 기기, 구조물, 계통은 부식, 마모, 취화 등 다양한 노화과정을 거쳐 왔다. 가동할수록 고장 발생 가능성이 커짐과 동시에 안전 기능과 품질 신뢰도가 저하되어 사고 가능성이 높아질 수 있다. 노화지식이 부족했던 40년 전 기준으로 설계, 제조된 발전소는 현재의 제조방법과 시험이 요구하는 기술기준과 18개의 원자력 품질보증요건에 미흡할 수밖에 없다.

가동 중 필요한 새로운 안전개선을 요구하면 40년 운영이 승인된 발전소이므로 계속운전을 허용해 주는 조건으로 수명 말기에나 개선조치하겠다는 억지를 현장에서 종종 듣는다. 미국, 유럽, 일본에 다 있는 소급적용규정Back Fitting Rule이 우리나라에만 없기 때문이다.

고리 2호기처럼 지난 정부에서 수명연장을 않겠다는 발전소는 안전개선을 위한 투자가 매우 소극적이었다. 이제는 수명연장이 무조건 이행해야 하는 대통령 지시사항처럼 되었으니 최소비용으로 넘어갈 공산이 크다. 수명연장을 위한 방사선환경영향평가 보고서가 부실하게 작성되었다는 지역의 합리적인 문제 제기에도 주민공청회가 일방적으로 추진되고 있다.

이처럼 최소비용, 최대 이익을 추구하는 기업에 소통까지 모든 것을 맡겨도 되는 것일까? 정권이 바뀌자마자 수명연장에 총력인 원자력안전위원회(원안위)는 소통 주무부처이지만 소통의 현장 어디에도 보이지 않는다. 원안위가 진흥에 무게를 두고 국민 안전은 내팽개치는 행태는 어제오늘 얘기가 아니다.

수명연장에 있어 최근 문제가 되는 중대사고, 항공기 추락 등 테러와 기후환경 위협요인을 더는 무시할 수 없음에도 수박 겉핥기

식으로 넘어가고 있다. 신한울 1호기 운영 허가 당시 항공기 추락에 의한 테러가 우려됨에도 지나가는 항공기가 고장으로 떨어질 확률이 희박하다고 그냥 넘어갔다. 노후원전에 대해서도 마찬가지다. 동일부지 원전에 최근 적용된 기준을 최신 기술기준으로 보는 것도 불합리하지만 그마저 제대로 지키지 못한다. 신고리 5·6호기는 고리 2호기와 동일부지에서 승인받은 원전으로 테러 충격 대비를 위해 원자로 건물 두께가 137cm이고 사용후핵연료 저장조 벽체 두께가 150cm이다. 고리 2호기 원자로 건물 두께는 120cm이고 사용후핵연료 저장조 두께는 40cm이다. 수명연장을 위해 최신기준을 만족해야 하는데 어떻게 두께를 보강할 것인가? 주어진 안전여유도는 예기치 못한 오류에 대비하기 위한 것이지만 비용 절감을 위해 안전여유도를 줄이는 방향으로 비밀스럽게 넘어가는 경우가 비일비재하다.

고리 2호기 수명연장 비용이 3,000억 원이라고 한다. 이 중 거의 절반이 주민에게 지급하는 돈이므로 실제 설비개선 비용은 얼마 안 된다. 운전하는 동안 안전개선을 위해 얼마나 노력했다고 이 작은 비용으로 문제가 없다는 것일까? 그동안 일부 개조·교체했다고 해도 사실 40년 전에 승인한 기준에 따른 조치에 불과하므로 최신 안전기준과 경험을 적용한 것이 아니다. 새것으로 교체해도 옛날 기준에 맞춘 것일 뿐이다.

설비를 개조하는 일은 막상 쉽지 않다. 기존 시스템과 호환되어 병합이 잘되어야 하는데 문제가 발생할 가능성이 크다. 부품을 자주 교환해야 하지만 가동 중에 공급자가 소멸될 수 있으며, 예비품 조달과정에서 예기치 않은 오류로 인해 품질입증이 어렵다. 한빛원전에서 펌프 계측기기 예비품을 교체했지만 가동하자 화재로 고장 정지된 사례도 있다. 기기교체, 부품조달 문제에 추가하여 현장 문서와 도면이 실제 상태와 맞지 않는 경우가 허다하다. 노후원전일수록 도면이나 설계문서가 없고, 있어도 실제 상태와 다른 경우가 많다. 이 문제는 안전을 위협하는 중요한 문제임에도 여전히 관리가 제대로 안 되는 실정이다.

안전성을 평가하는 일은 노후원전에서 매우 중요하다. 외부 안전평가 전문기관이 현장에 와서 조사하고 상태를 보지만 주로 기록물에 의존하기 때문에 위험 식별과 확인이 어려우므로 안전성 평가 입력자료가 부실할 수 있다. 현장 운영요원의 퇴직, 인사이동 등 변동 사유로 정보가 투명하게 제공되지 않으면 제대로 된 위험요소가 안전성 평가에 반영되지 못한다.

더욱이 우리나라는 발주처가 독점사업자이기 때문에 평가결과에 대한 발주자 영향력은 절대적이다. 결과가 맘에 들지 않는다면 용역대금 지급이 원활하겠는가? 객관적인 3자 독립검토가 미흡하여 발생하는 고질적인 품질저하 문제는 개선되지 않은 채 그

대로다. 경제성과 독점 거버넌스만 집중하고 안전은 장식품 수준
이니 노후원전 수명연장이 우려될 수밖에 없는 것이다. 나라가
제대로 하지 않는 핵발전소 안전을 위해 시민사회의 꾸준한 감시
노력이 요구된다.

출구전략이 시급한 원자력산업

2009년 12월 중동의 작은 나라인 UAE에서 20조 원에
상당하는 한국형 원전건설을 수주했다는 소식은 온 나라
를 들썩이게 만들기에 충분했습니다. 연일 관련 주가가
뛰어올랐고, 향후 운영·정비까지 포함하여 20조 원 추가
수주 예상 소식이 전해지며 향후 우리나라를 먹여 살릴
고부가가치 수출산업의 보배로 여겨졌습니다.

당시 취임 후 광우병 파동으로 연일 촛불시위에 이렇다
할 정책을 추진하지 못하고 있던 이명박 정부에도 활력이
돌았습니다. 수출 발표 후 다음 달 정부는 2012년까지
10기, 2030년까지 80기를 수출하겠다는 야심 찬 목표를
세우고 연구개발, 수출인프라 등에 대한 대대적인 투자와
함께 수출을 위한 후속대책 수립에 착수합니다. 하지만
UAE 수출 이후 13년이 지난 지금까지 추가 수출실적은

'0'입니다. 지금도 희망적인 수출 소식은 들리지 않습니다. 무엇이 문제일까요? 수출 얘기는 쏙 들어가고, 한때는 폐로를 황금시장으로 놓고 대대적인 연구개발 투자를 계획한 적도 있습니다. 사실 폐로는 막대한 규모의 연구개발비를 집행할 것이 없습니다. 즉시 해체하지 않고 그냥 50년, 100년 놔두어도 핵심 부위를 제외하면 시설 대부분이 자연방사능 수준으로 떨어질 것이므로 해체가 아주 쉬워집니다. 원자력이란 거대한 무지개를 띄워놓고 논하기 전에 현실적인 팩트를 놓친 것은 아닌지 되짚어보아야 합니다.

원전을 수출할 만한 곳도 마땅히 없거니와, 수출 후 발생할 수 있는 테러와 국제분쟁, 사용후핵연료와 폐기물 문제 등 원전이 처할 수 있는 특수상황에 대처하기 어려운데도 막무가내로 수출만 한다고 능사가 아닙니다. 미국이 수출할 때 우리가 구축한 공급망을 제공하는 국제분업 형태의 수출이 검토될 수는 있지만, 이는 우리의 선택지를 스스로 좁히는 일입니다. 뿐만 아니라 상당한 불확실성이 내포되어 있어 지속 가능한 사업으로 추진하기에는 위험부담이 너무 큽니다. 미국의 가장 큰 원전 수출 회사인 웨스팅하우스도 부도를 자주 내는 상황이므로 국제분업 형태로 추진하더라도 사업적 신뢰도를 잘 점검해야 합니다. 사실 미국, 일본, 캐나다, 프랑스 등 서방 원전 수출 회사들은 전부 부도나고 통폐합되어 현재 명맥만 겨우 유지하는 실정입니다. 우리나라의 경우 한전이나 한수원 같은 공기업이 수출에 발이 묶여 부도가 난다면 그 피해는 고스란히 국민 몫으로 돌아간다는 점을 유의해야 합니다.

그렇다면 향후 수출 건도 없는 상황에서 원전 산업계를 유지하기 위해 원전건설을 계속할 수는 없는 노릇입니다. 원전 100여 기를 자국에 건설하며 세계 시장을 주도했던 미국의 경우처럼 세계 원전 시장은 대부분 자국 내 건설 수요를 기반으로 성장했다가 자국 내 건설이 한계에 도달했을 때 수출시장으로 방향을 돌립니다. 하지만 대부분 수출에 실패하여 부도, 통폐합 등 구조조정으로 몸살을 앓고 있는 점에 유의해야 합니다. 독일 지멘스의 경우 신·재생에너지 중심으로 전환될 세계 시장을 미리 내다보고 원전건설을 포기했습니다. 그리고 2001년 원자력 사업 부문을 이웃 국가인 프랑스의 프라마톰에 일찌감치 매각하였습니다. 그 후 프랑스는 아레바라는 거대 수출기업을 출발시켰습니다. 현재 지멘스가 신·재생에너지 등 세계 시장에서 여전히 두각을 나타내는 데 반해 아레바는 핀란드 올킬루오토 원전건설 수주 후 부도가 나면서 국영 기업 EDF에 통폐합된 후에는 국제 원전 시장에서 거의 보이지 않고 있습니다. 이제 국내 원전건설이 한계에 도달한 우리나라는 지멘스의 현명한 판단을 따를 것인가, 아레바의 무모한 선택을 따를 것인가를 결정해야 할 시점에 와 있습니다.

원전 수출은 강력한 내수시장을 기반으로 추진 가능하며 내수시장이 한계에 도달하면 어느 나라든 한계에 봉착한다는 세계 시장의 경험을 간과해서는 안 될 것입니다. 내수시장에서 한계에 다다른 우리 역시 원전산업의 출구 전략을 적극 모색해야 합니다.

일단 가동 중인 원전의 안전한 운영을 위해 기본적인 기술 기반을 유지하는 선에서 정책을 추진하고, 무모한 수출은 추진하지 말아야 합니다. 그 대표적인 케이스가 중단된 신한울 3·4호기의 건설입니다. 신한울 3·4호기 건설로 일단 수출을 위해 원전 산업계가 유지된다고 하더라도 산업계 구성원 대부분이 2~3년 정도 연장되는 것에 불과합니다. 자국 내 건설로 원전 수출 생태계를 유지하려는 노력은 국내 원전을 계속 건설하자는 논리밖에 안 됩니다.

원전 산업계는 누구보다 세계 시장의 전망을 현실적으로 냉정하게 판단하고 뼈를 깎는 심정으로 구조조정을 통해 스스로 활로를 모색해야 합니다. 또한 이를 기반으로 우수한 원전 기반 기술력을 낭비하거나 버리지 말고 국가 산업경쟁력 강화에 기여할 수 있도록 연관 분야에 잘 활용해야 합니다. 국내 원전 시장이 포화 상태이고 세계 원전 수출시장의 전망이 어둡다는 점을 고려할 때 정부와 산업계가 당장 머리를 맞대고 원전 산업계의 출구전략을 모색하는 데 합리적인 지혜를 모아야 합니다.

원전산업과 에너지산업 시장추세

원전산업은 지속적인 감축에 직면하고 있습니다. 발전 비중으로 보자면 세계적으로 원자력발전 비중이 가장 높았던 1996년 17.5%에서 2020년 현재 10.1%로 줄었습니다. 즉, 1996년이 가장 비중이 높았고 이후 점점 감소하는 추세가 분명합니다. 2011년 이후에는 감소추세가 완만해지는데 이는 중국의 건설 증가 때문이며, 중국을 제외하면 감소추세는 그대로 유지되고 있습니다. 즉, 세계는 에너지전환 시대에 접어든 것입니다.

이러한 에너지전환에 따라 세계적으로 원전 비중이 축소되고 있는데, 우리나라만 원전 비중을 확대하며 한계에 다다른 내수시장을 극복하려고 수출을 추진하다가는 큰 위기를 초래할 수 있습니다. 정부는 에너지전환 시대를 맞아 원자력의 미래에 대한 청사진과 성장전략을 제시해야 합니다. 물론 전력과 에너지가 부족한 우리나라에서 원자력이 지난 60년간 든든한 버팀목이 되어왔다는 것은 인정되어야 합니다. 하지만 지난 수십 년간 원자력은 꾸준히 감소추세에 있습니다. 이제 석탄 등 탄소 중심의 에너지와 원자력에서 탈피해야 하는 시대가 온 것입니다. 에너지전환은 더 이상 거부할 수 없는 시대적 사명입니다. 에너지전환 시대에 원자력의 새로운 성장동력과 지속가능한 산업기반을 구축할 방안을 하루빨리 모색해야 합니다.

원전 중심의 원자력산업은 실제 원전을 건설하고, 가동하며, 원전 수명이 종료되면 해체합니다. 이는 건설 및 해체산업과 가동 원전 산업 그리고 후행핵주기 산업으로 구분될 수 있습니다.

건설 및 해체산업은 엔지니어링, 제작, 제작검사, 시공이 일체가 되며 10년 전후의 기간이 소요되는 대규모 사업입니다. 가동 원전 산업은 원전이 가동되는 40년 이상 정비, 검사, 진단, 설계변경 등 사업 물량이 꾸준히 발생하는 특성이 있으므로 한시적으로 지속 가능한 산업으로 볼 수 있습니다.

문제는 현실적인 타당성 부족으로 후행핵주기 산업이 실현 불가능한 상황이라는 것입니다. 후행핵주기는 다음 과정을 말합니다. 사용후핵연료를 파이로프로세싱(재처리) 공정을 거치고 우라늄을 분리하고 재농축합니다. 이를 고속로용 핵연료로 생산하여 고속로에서 연소시키고 나면 다시 재가공하여 경수로에 집어넣고를 반복하는 것입니다. 건설을 마치고 가동하면 발생하는 사용후핵연료와 방사능폐기물이 안전하게 처분되어야 하는데 이 기술이 아직 개발되어 산업화되지 못하고 있습니다. 사용후핵연료의 경우 고방사능에다 수백 년간 열이 꾸준히 발생하며 장기(10만 년) 저장해야 하는데 이 기술이 안전성과 경제성을 입증하지 못하고 있는 것입니다. 고속로의 안전성과 경제성 또한 입증되지 않고 있으며, 재처리에 따른 핵폐기물 양산과 이에 따른 경제성·사업타당성 부족을 해결하지 못하여 미국, 유럽 대부분 고속로를 1990년대 이전에 이미 포기했습니다. 따라서 영구 처분하는 것이 가장 바람직하나 이 또한 장기 보관에 따라 어떤 문제가 발생할지 모르고 기술적으로 검증 자체가 어려운 상황입니다. 따라서 스스로 해결할 수 없는 사용후핵연료를 양산하는 원전 확대 정책은 경제성과 합리성 여부를 떠나 무책임한 것입니다.

세계적으로 보면 원전의 발전단가는 계속 오르고 재생에너지 단가는 계속 하락하고 있고 당장 원전 가격보다 재생에너지 단가가 싸지고 있습니다. 따라서 원자력발전소의 가동중단은 빠를수록 좋은 것이므로 이를 위해 대량실직 사태를 최소화하기 위한 출구전략을 모색하는 것이 바람직합니다.

원전 단가는 이미 2013년 이전에 태양광발전 단가보다 비싸지는 역전 현상이 발생하였습니다. 특히 태양광은 기술 발전에 힘입어 2020년에 2009년 대비 90%나 낮아진 데 반해 원전은 가격이 33% 올랐습니다. 따라서 세계 에너지 시장은 이미 오래전에 비원전·재생에너지로 급격하게 전환되었습니다. 현재 윤석열 정부에서 추진하고 있는 원전 중심의 에너지 정책은 세계 에너지 시장추세에 역행하는 것으로 우리나라 에너지산업 정책을 왜곡시키고 더 나아가 국제경쟁력을 약화시킬 것으로 예상되어 상당히 우려됩니다.

또한 IRENA에서 발표한 2022년 세계 재생에너지 전망을 보면 발전 분야에서 2050년까지 재생에너지에 힘입어 90% 이상 탄소저감이 가능한 것으로 조사되었습니다.

아울러 IRENA 2022 보고서에서는 전력 공급 비중이 2018년 25%에서 2030년까지 65%에 이를 전망이며 2030년까지 세계 재생에너지는 매년 1조 달러(1,280조 원)에 이를 전망입니다. 따라서 원자력 중심의 에너지 정책을 수립하고 원자력 분야에 투자를 확대하는 것은 중요한 재생에너지 시장을 놓치는 결과로 나타날 것입니다. 원자력 중심의 에너지 정책은 미래지향적인 청정에너지로 가는 것이 아니고 과거로 회귀하는 것을 의미할 뿐입니다.

원자력산업의 미래를 모색한다
- -

지속가능성 측면에서 원전건설은 매출이 들쭉날쭉하여 중소기업들로서는 한탕주의 외에는 의미가 없습니다. 가동 원전은 40~60년의 가동 기간에 특정 사업을 맡아서 하는 경우 지속적인 사업을 운영할 수 있습니다. 비파괴

시험, 기기 및 구조물의 안전진단, 화재 방호 등 안전성 평가, 안전 해석, 주기적 안전성 평가, 기기 정비, 품질검사 등의 사업이 이에 해당합니다. 이러한 사업은 전국 가동 원전에 해당하므로 운전 기간에 꾸준히 사업을 시행할 수 있습니다.

그러나 가동 원전 수는 줄어들고 있으며 점차 퇴출당하는 추세입니다. 원전이 탄소중립 시한인 2050년까지 일부 존속할 가능성이 크다 하더라도 점차 줄어드는 추세인 것을 감안하면, 기업들은 후속 사업을 모색하고, 보다 지속 가능한 분야로 전환해야 합니다. 이에 미래의 지속 가능한 사업 분야를 검토해보면 다음과 같습니다. 일단 국내 원자력산업 현황을 살펴보면 원자력발전 분야와 비원자력발전 분야로 구분할 수 있습니다. 비원자력발전 분야는 원자력발전을 제외한 방사선 이용 분야로 볼 수 있습니다. 이 내용은 다음 표에 잘 나타나 있습니다.

원자력산업의 매출 비중은 2016년 기준 원자력발전 분야가 27.4조 원, 비원자력발전 분야가 16.1조 원으로 원자력발전 분야가 상당히 큽니다. 원자력발전 분야 전체 매출 27.4조 원에서 발전 부문이 75.6%인 20조 7,655억 원을 차지합니다. 하지만 인력구조는 전체 고용인력이

[원자력발전 분야]

- (매출) 약 27.4조 원 규모로, 발전(75.6%), 공급산업(20.0%), 연구·공공 (4.3%)으로 구성
- (인력) 약 3.7만 명 규모로, 발전(32.3%), 공급산업(60.0%), 연구·공공 (7.7%)으로 구성

(단위: 억 원, 명 / 출처: 2016 원자력산업 실태조사)

매출 인력	발전	%	공급산업					연구 및 공공
			설계	건설	제조	무역	서비스	
274,513	207,655	55,034	3,588	18,011	22,803	8.42	10,624	11,824
100%	75.6	20.0						4.3
		100	6.5	32.7	41.4	0.0	19.3	
37,232	12,014	22,355	2,486	2,738	8,057	17	9,057	2,863
100%	32.3	60.0						7.7
		100	11.1	12.2	36.0	0.0	40.5	

[비원자력발전 분야]

- (매출) 약 16.1조 원 규모로, 산업(73.3%), 의료(22.5%), 비파괴·기타 (4.2%)로 구성
- (인력) 약 10.8만 명 규모로, 의료(75.6%), 비파괴(7.1%), 일반산업 (5.0%) 순으로 구성

(단위: 억 원, 명 / 출처: 2015 방사선 및 방사성동위원소 이용실태조사)

	산업	비파괴검사	방사선 멸균	의료	농업	합계
매출	118,034	2,120	200	36,024	4,556	160,934
%	73.3	1.3	0.1	22.5	2.8	100

	일반산업	비파괴	판매	의료	연구	교육	공공	동물	합계
인력	5,358	7,645	2,307	81,771	2,137	4,046	1,381	3,447	108,092
%	5.0	7.1	2.1	75.6	2.0	3.7	1.3	3.2	100

3.7만 명인데 이중 발전 부문이 12,014명으로 1/3 정도에 그칩니다. 발전 부문은 공급산업으로 5조 5,034억 원을 발주하였으며 이 중 건설 1조 8,011억 원(32.7%), 제조 2조 2,803억 원(41.4%), 설계 3,588억 원(6.5%), 서비스 1조 624억 원(19.3%)의 매출을 올렸습니다. 이로 인한 공급산업 고용인력은 22,355명으로 건설 2,738명(12.2%), 제조 8,057명(36.0%), 서비스 9,057명(40.5%)을 차지하고 있습니다. 여기서 주목할 것은 공급산업에서 매출은 19.3%이나 고용인력은 40.5%를 차지하고 있는 서비스 부문입니다.

비원자력발전 분야는 전체 매출 규모가 2015년 기준 약 16.1조 원이며, 이중 산업 부문이 11조 8,034억 원으로 전체의 73.3%를 차지합니다. 이어서 의료(22.5%), 비파괴 및 기타(4.2%)로 구성됩니다. 하지만 인력은 전체 10.8만 명으로 이중 의료 부문에 81,771명이 종사하여 비중이 가장 크며(75.6%) 이어서 비파괴(7.1%), 일반산업(5.0%)으로 구성됩니다.

이러한 산업구조를 통해 원자력발전 분야보다 비원자력발전 분야의 고용창출 효과가 훨씬 크다는 것을 알 수 있습니다. 또한 원전건설의 간헐성과 집중 매출은 '매출

폭탄'이라 볼 수 있으며 이는 곧 유동성 악화의 원인이 되기도 합니다. 반면 비원자력발전 분야는 다양하고 포괄적인 지속 가능 산업으로서 유망하다고 볼 수 있습니다. 특히 의료용 방사선 발생장치의 경우 매년 8,000억 원 정도를 수입하고 있는데 산업 분야가 강한 우리나라가 이 장치를 매년 수입한다는 것은 원전에 집중하다 비원자력발전 분야에 소홀한 결과로 볼 수 있습니다.

선진국들은 대형원전건설의 축소로 인해 원전의 건설·운영 중심에서 가동 원전의 안전, 제염, 해체, 폐기물 분야 등으로 산업구조를 다변화하는 추세입니다. 미국, 독일, 일본은 자체 원전의 해체 경험과 독자적인 해체 기술을 보유하고 있는 것으로 판단됩니다. 또한 미국의 경우 원자력 분야에서 두드러지는 것은 소형 모듈 원전의 상용화 개발을 추진하고 있다는 점입니다. 소형 모듈 원전은 기존 원전건설에 수반되는 대형 투자와 건설 기간의 장기화로 VC Summer, Vogtle 원전 등에서 실패를 거듭함에 따라 대안으로 추진되고 있지만 상용화에 성공한 사례는 아직 없습니다. 소형에 따른 안전성, 핵비확산성, 경제성 문제가 그대로 존재하기 때문입니다. 우리나라에서도 소형 모듈 원자로를 개발하고 있긴 하나 개발 주체가 연구비를 받기 위해 사업성을 과장되게 홍보하는 것이 우려됩니다.

반면 비원자력발전 분야는 미국, 일본을 중심으로 가속기 개발과 이를 이용한 다양한 응용 분야를 포함하여 해양, 우주, 의료, 환경, 신소재 등의 분야로 융복합이 확대되고 있는 것이 특징입니다. 화성 탐사선에 원자력전지가 탑재되고 있고, 대기오염 물질인 SOx, NOx 등을 제거하는 기술이 개발되고 있는 것 등이 이에 해당됩니다.

탈원전을 표방한 독일은 2023년 4월 마지막 3개 원전을 영구정지시킴으로써 역사적인 탈원전의 시대에 접어들었습니다. 현재 가장 활발하게 해체가 진행되고 있습니다. 대표적 원전기업인 지멘스는 2000년대 초에 원전 사업 분야를 프랑스에 매각하고 일찌감치 신·재생에너지에 집중하여 지금은 활성화된 세계 재생에너지 시장의 풍력 분야에서 두드러진 활약을 하고 있습니다. 이는 시대를 앞서간 선택이었다고 볼 수 있습니다.

원자력산업의 지속 가능한 미래산업 대응전략

먼저 원자력발전 후 발생한 사용후핵연료 관련 산업을

육성해야 합니다. 현재까지 사용후핵연료는 처분이 원칙이지만 우리나라는 재활용 기술개발과 함께 재자원화가 가능하다는 목표를 세우고 기술개발에 전념해왔습니다. 그 덕택에 전국 원전 사용후핵연료 저장조는 핵연료가 (거의) 만재된 상태인데 안전사고에 매우 취약한 상황입니다. 사용후핵연료 저장조는 수조 형태로 원자로에서 인출된 핵연료의 잔열을 제거하기 위한 임시저장소라고 봐야 합니다. 이에 따라 격납용기 수준의 안전조치도 설계에 반영되지 않았기에 만일의 사태에 대한 대비가 취약합니다.

따라서 사용후핵연료는 재활용 연구와 별도로 지금이라도 직접 처분을 당장 추진해야 합니다. 이를 위해 전국 지질조사를 통한 부지선정작업이 진행되어야 하고, 선정된 부지에 안전 처분이 가능한 설계를 추진해야 합니다. 물론 이 추진에는 시민사회의 긍정적인 역할이 중요한 원동력이 될 것이므로 시민과 소통하는 작업이 반드시 병행되어야 할 것입니다. 핵에 대한 최종 거버넌스를 쥐고 있는 것은 시민이기 때문에 행여 시민을 속이거나 가볍게 취급하거나 무시하는 소통이라면 아예 하지 않는 것이 바람직합니다. 결국 신뢰를 깎아버리기 때문입니다.

핵폐기물 연구개발은 해체연구와 함께 추진되어야 합

니다. 해체 시에 중저준위 폐기물과 고준위 폐기물이 한꺼번에 다량으로 발생합니다. 서울 TRIGA MARK 연구용 원자로를 해체하고 핵폐기물 관리가 제대로 안 되고 망실된 사례는 원전 해체 시 반드시 명심해야 할 사건이며, 이러한 일이 다시 발생하면 안 될 것입니다. 이를 통해 핵폐기물과 해체 관련하여 당분간 일이 지속적으로 발생하므로 고준위·중저준위 핵폐기물의 처분관리 고도화를 통하여 해당 산업을 적극 육성해야 합니다. 특히 핵폐기물은 내용물에 따라 방사능 준위가 천차만별인데 핵종 분석과 함께 잘 측정하고 관리·저장·처분해야 합니다.

비원자력발전 분야에서는 방사선을 활용한 의료·바이오 시장이 확대되고 타 산업과의 융합을 통한 신성장·신시장 창출이 가능합니다. 방사선 이용 분야는 우리나라 원자력계가 발전 분야에 너무 치중하는 바람에 상당한 시장잠재력을 가지고 있음에도 그동안 소홀히 여겨져 왔습니다. 대표적인 분야가 의료·헬스 케어, 바이오, IT와 융합하여 신소재를 개발하는 등의 융복합 분야입니다.

• 의료·헬스 케어; 난치성 질환의 진단과 치료가 모두 가능한 방사성 의약품 및 영상평가 기술이며 난치성 암

치료를 위한 의료용중입자 치료기, 방사선 응답 암 표적치료 기술 등이 해당됩니다.

• 바이오; 내고온성 벼 품종, 아열대 과채류, 내재해성 품종 등 기후변화 및 재해에 내성이 큰 육종을 개발하고 건강 보조식품·의약 부외품·의약품 등을 개발하는 분야가 유망합니다.

• 첨단 기술; 방사화학 분석기술을 이용한 미세먼지 오염원 추적, 전자선 기반 미세먼지 저감기술이 해당됩니다. IT와 융합하여 방사성 동위원소를 이용한 양자 암호키, 방사선을 이용한 4D 프린트(3D+채취) 잉크 개발 등이 있으며 중성자, 방사선, 가속기를 이용한 각종 특수 소재 관련 기술들이 해당됩니다. 이 기술들은 마이크로를 넘어 나노 수준의 미세 부분을 관찰하는 일도 해당됩니다.

전 세계 방사선 산업 시장을 예측한 결과(BBC, MarketsandMarkets)에 따르면 방사성 의약품은 연평균 8% 성장하고 핵의학 영상 분야는 매년 3.3%, 방사선 계측기는 연평균 5.4% 성장하는 등 꾸준하고 지속적으로 성장하고 있습니다. 이러한 영상 장비의 경우 세계 시장의 75%를 GE, 필립스, 지멘스가 차지하고 있습니다. 방사성 의약품 분야도 미국, 캐나다 등 일부 선진국의 일부 기업들에 연간 수십조 원의 세계 시장이 의존하고 있는 실정입니다.

다음은 국내에서 이용 목적별로 다양하게 개발되고 있는 가속기들입니다. 이러한 다양한 가속기는 연구개발에 치중된 측면이 많은데 실용적 관점에서 일자리를 많이 창출할 수 있는 분야를 우선 개발해야 합니다. 일단 가속기가 우리나라에 산업으로 잘 뿌리내리게 하기 위해서는 첨단 가속기를 이용하여 과학적으로 우수한 결과를 내는 것도 중요하지만, 첫 단계에서는 가속기를 이용하는 산업을 육성하거나 관련 산업이 뿌리내리게 하여 일단 산업화 우선으로 추진되어야 합니다. 뿌리 깊게 자리하여 튼튼하게 육성된 가속기 산업에 의해 가속기 산업이 활성화되면 미래형 연구개발도 잘 뒷받침되어 성장할 수 있기 때문입니다. 전라남도에서 가속기 사업을 의욕적으로 추진해 왔는데, 너무 첨단분야에 집중해 4세대 가속기 등을 추진하여 3세대 가속기를 우선 추진할 것을 권고한 적이 있습니다.

4세대 가속기는 첨단분야라 일부 사용자 외에는 수요가 활성화되어 있지 않기 때문입니다. 3세대 가속기는 일단 수요가 있기 때문에 이를 활용하는 업체를 유치하기 쉽고 이를 통해 지역 산업기반을 확고히 구축하여 이를 토대로 장기적인 첨단 가속기 이용 분야도 추진할 수 있습니다.

• 포항 방사광가속기

❶ 주관기관; 포항가속기연구소

❷ 사업금액; 1차 설치사업 1,500억 원

　　　　　　2차 성능향상사업(2009~2012) 1,000억 원

❸ 특징; 전자빔에너지 3GeV 빔라인 31기 가동

❹ 주목적; 미세과학 분야에 응용하는 스마트폰 마이크로칩 내부 구조분석, 미세바늘 구조 제작, 타이어 강선 내부 결함분석 등 산업적 응용 분야가 넓은 것이 장점

• 포항 방사광가속기(4세대)

❶ 주관기관; 포항가속기연구소

❷ 사업금액; 민자 260억 원 포함 4,260억 원(2011~2015)

❸ 특징; 전자빔에너지 10GeV

❹ 주목적; 기존 광가속기는 원자나 분자의 정지상태만 관측이 가능했으나 극초단파 광원으로 원자들의 동적 현상을 관측하는 등 미세거동을 분석하기 위한 것임

• 경주 양성자가속기

❶ 주관기관; 한국원자력연구원 양성자가속기기반공학기술개발사업단

❷ 사업금액; 정부 1,836억 원, 경주시 1,182억 원, 산업체 125억 원(2002~2012)

❸ 특징; 100MeV 양성자가속기 및 빔라인 2기, 이온빔라인 4기

❹ 주목적; 양성자 응용 연구, 암 치료, 항공우주, 나노입자 제조, 원자력 및 핵물리 등 기초연구 목적

• 기장 의료용중입자가속기

❶ 주관기관; 한국원자력의학원 의료용중입자가속기사업단

❷ 사업금액; 총 1,950억 원 – 정부 700억 원, 지자체 500억 원, 한국원자력의학원 750억 원(2010~2017)

❸ 특징; 430MeV/u 중입자가속기 치료시스템

❹ 주목적; 탄소입자를 중입자가속기로 가속하여 생성된 빔을 체내 깊숙한 암 부위에 도달하게 하여 암세포만 선택적으로 파괴하는 의료용 암 치료

• 대전 중이온가속기

❶ 주관기관; 기초과학연구원 중이온가속기구축사업단

❷ 사업금액; 1조 4,445억 원(2011~2021)

❸ 특징; 고에너지우라늄(200MeV/u(우라늄)), 대전류(400kW) 중이온 빔, 두 가지 동위원소 생산방법 결합

❹ 주목적; 헬륨보다 무거운 원자를 이온화하여 표적에 가속 충돌시켜 희귀한 동위원소 생산하는 것으로 핵물리, 천체물리, 의료 및 바이오, 입자물리, 재료과학 등 기초연구 목적

결국 원자력산업의 미래는 원전산업 분야는 축소되고 의료, 바이오, 가속기 등 방사선 이용 비원자력발전 분야와 함께 거의 영구적으로 해결이 필요한 핵폐기물, 해체산업 분야로 옮겨갈 가능성이 큽니다. 그러므로 기존의 원자력발전 건설 관련 잉여 인력과 시설은 전망이 밝은

분야로 사회적 구조전환을 모색하는 것이 필요합니다.

대학들도 원전건설과 밀접한 관련이 있는 노물리, 핵설계, 원자로 설계 및 건설 분야의 인력을 양성하는 것보다 비원자력발전 분야인 의료, 바이오, 가속기 등의 분야로 산업의 활성화를 도모하며 관련 분야 인력을 보다 많이 배출하여야 합니다. 실제 전술한 바와 같이 방사선 이용 분야의 고용창출 효과가 더 크기 때문입니다.

05
원자력의 미래를 위한 권고

누군가 원자력의 미래를 묻는다면 사실상 '미래가 없다'가 현재로서는 정답입니다. 원자로에서 4.5년 연소되고 나온 사용후핵연료 문제는 수십만 년간 우리의 환경과 안전을 위협할 것이며 이 문제는 원자력발전소가 인류사회에 처음 나왔을 때부터 현재까지 시원한 해법이 없습니다. 하지만 축구장 몇 개 정도 면적만 있으면 충분하다는 등 원자력계는 이 문제를 쉽게 생각하고 있습니다. 아니, '쉬운 것처럼 표현하고 있다'라는 것이 정답이라고 생각됩니다. 정말 그렇게 쉬운 문제라면 어째서 해법을 내놓지 못하고 있을까요? 실제 원전을 가동한 지 50년이 되어가도록 영구처분을 위한 부지조사도 전혀 이루어지지 않았습니다. 그 이유는 파이로프로세싱을 통해서 후행핵주기 개념을 완성하려는 생각에서 출발했다고 해도 과언이 아닙니다.

이 또한 검증된 기술이 아니며 현재까지 전 세계에서 100조 원을 투입하고도 안전성과 경제성 문제 때문에 포기한 고속로를 포함하고 있는데, 우리나라는 안전성과 경제성이 획기적으로 나아질 수 있는 개념을 설명도 못 하고 그냥 따라가기만 하고 있습니다. 실패가 명약관화인데 시도하려는 것에는 다른 정치적 이유가 있는 것으로 생각하지 않을 수 없습니다. 무모하기 짝이 없는 일이고 곡예운전하는 모습처럼 아슬아슬하기까지 합니다. 만일 국방 문제나 정치·외교적 문제라면 국민 여론과 무관하게 조용히 해결을 추진하면서 인력을 정예화하여 연구 수준으로 진행하면 됩니다. 하지만 지금은 연구 수준을 넘어 실용화 수준으로 수조~수십조 원 규모로 확대될 수 있는 사업을 추진하고 있습니다. 연구비의 대규모 편성에 따른 국비 손실이 우려되며, 결국 이해관계가 개입되어 추진되는 것입니다.

이즈음 '대체 무엇을 위한 연구인가?'라는 질문을 하게 됩니다. 원전은 안전을 최우선으로 하여 운영·관리되어야 합니다. 한국수력원자력(주)은 매년 연구비를 5,000억 원 규모로 사용하는데, 어느 분야에 어떻게 사용하는지를 사회적 합의 없이 단순히 경영자의 결정에 의존하고 있습니다. 이 결정 과정에 학계가 영향을 미치며 결국 정부와 학계가 공동으로 영향력을 행사하고 있습니다. 하지만 수준 높은 연구나 현장의 안전 문제를 해결하기 위해 수행되는 연구는 거의 없고, '나눠 주기'식 연구로 의심하기에 충분합니다. 다시 말하면 원자력 산업계의 기술적 경쟁력 강화를 위한 연구개발이 취약하다는 것은 이미 연구를 할 만큼 다 해서 한계에 와 있다는 의미가 됩니다. 그렇다면 무엇을 위한 연구인가요? 단순히 연구의 먹이사슬 유지를 위한 연구인가라는 의문이 생깁니다.

사실 현장에는 오랫동안 해결되지 못한 안전 문제가 수없이 많습니다. 이는 시민사회에서 끊임없이 문제를 제기하지 않는다면 계속 그대로일 가능성이 큽니다. 과연 돈이 없어서 그럴까요? 연간 연구비만 5,000억 원 규모입니다. 월성 원전 사용후핵연료 저장조 누수 문제를 해결하는 원천 조치의 비용이 4개 호기 전부에 1,000억 원 남짓인데 연간 연구비 규모와 비교하면 미미한 수준임에도 비용 문제를 들어 난색을 보이는 것을 어떻게 보아야 할

까요? 그 어느 때보다 안전에 심혈을 기울여야 합니다.

그럼에도 한수원은 이름만 '혁신형'이라고 갖다 붙인 소형 모듈 원전 연구를 위해 사장이 국회의원들에게 로비하여 수천억 원의 정부 연구비를 얻어내는 데 성공했습니다. 더 나아가 한수원도 상당한 금액의 예산을 투입할 예정입니다. 하지만 그 연구 목표는 설계문서와 도면을 생산하는 일이 전부인, 그야말로 페이퍼 플랜트Paper Plant를 생산하는 것입니다. 검증은 나중에 할 사람이 하라는 식으로 무책임하게 진행되고 있습니다.

우리나라는 새로운 시스템을 설계·제작해서 검증할 수 없는 특수조건입니다. 국토가 좁고 인구밀도는 너무 높고 산업시설이 밀집되어 있어서 한 번 사고가 나면 피해가 너무 크기 때문에 검증하기가 불가능합니다. 어떤 나라가 검증되지도 않은 원전을 자국에 건설해 검증하자고 하겠습니까? 무책임의 극치입니다. 실제 원전을 개발하는 일은 연구라기보다 개발에 가까우므로 연구개발 능력을 갖춘 고경력 실무자의 참여가 중요한데, 우리나라는 전부 교수들과 연구원들로 구성되어 추진됩니다. 그렇다 보니 연구비 쓰기 바쁘고 개발 목표인 상업화는 두 번째가 되는 것입니다.

그러므로 실제 연구개발의 성공보다는 '연구를 위한 연구'가 목적이 아닌가 하는 의구심이 듭니다. 뿐만 아니라 연구비는 연구에 실패해도 어느 정도 용인되지만, 현장의 안전성 개선과제는 실패하면 원전 가동 자체에 방해가 될 수도 있습니다. 따라서 같은 경로로 이미 실패한 스마트 원자로처럼 연구를 위한 연구에 그칠 가능성이 큽니다. 그렇다면 무엇을 위한 연구인가요? 단순히 학력 좋은 연구원들을 먹여 살리기 위한 것이라면 너무 낭비가 아닌가요? 여기에 어떤 지속가능성이 있다는 것인지요? 그리고 이렇게 원자력에 미래를 건다는 것이 무의미하다는 것을 모두가 알고 있는지 궁금해집니다.

따라서 원자력의 미래는 지속가능성이 받쳐주어야 합니다. 기후위기에 원자력이 제 역할을 할 수 있어야 하는데, 원전이 70%의 발전 비중을 차지하는 프랑스는 장기 가동에 따른 노후화 문제와 고온 이상기후로 제대로 원전을 가동하지 못하고 매일 10GW 이상 전기를 수입하는 형편입니다. 세계적 투자기관인 골드만삭스는 핵발전소를 미래를 위한 전환 기술로 인식하고 있지 않다고 합니다.

물론 기후와 관련해서 결국 원전이 제 역할을 못 할 것으로 판단됩니다. 하지만 신·재생에너지가 기반을 잡을 때까지는 일정 기간 가동이 불가피하므로 안전성을 강화해야 합니다.

따라서 다음과 같은 권고사항을 제안하고자 합니다.

• 원전은 신·재생에너지가 제 역할을 할 수 있을 때까지 가동이 불가피하지만, 경영의 최우선적인 목표는 '안전'이 되어야 합니다. 이를 위해 현장 중심의 안전성 강화가 절대적으로 중요하므로 현장의 안전성을 중심으로 경영에 최선을 다해야 할 것입니다.

• 안전을 최우선으로 두기 위해 안전 목표를 시민사회와 함께 설정하려는 노력이 필요합니다. 시민사회가 우려하는 것을 최대한 반영하는 것이 필요하며, 예산 부족이 제한 조건이 되어서는 안 됩니다. 최대한 목표를 설정하고 이 목표를 완수하기 위해 시민사회와 협력하려는 노력이 절대적으로 필요합니다.

• 안전을 달성하기 위해 3자 검증 제도가 조속히 정착되어야 합니다. 현재의 검증체계는 엄밀히 보아 3자

검증이라 볼 수 없을 만큼 엉성하고, 제도적으로 미비한 점이 많은 것이 사실입니다. 독점사업자에 의해 설계, 제작, 품질, 검사 등 모든 것이 이루어지므로 3자 검증이 제대로 정착되기 위해서는 독립적인 규제기관과 같은 예산의 독립성 확보가 가장 먼저 필요합니다.

· 산업적 구조 기반을 구축하고 보다 효과적으로 대응하기 위해서는 한수원이 한전기술에 위탁하여 설계, 제작, 시공의 전 과정을 설계조직이 기술적으로 관리하도록 하는 것이 중요합니다. 가동 원전의 기술지원 또한 마찬가지입니다. 이를 위해 일정한 인력교류가 불가피합니다. 한수원 직원은 한수원에만 있고 한전기술 또한 마찬가지 식이면 상호 기술 교류가 없어지고 상하 갑을 관계만 남게 되어 유연한 대처 능력이 부족해집니다.

· 한전기술은 원자로 설계인력 중심으로 구성된 국가원자로설계개발공단을 출범시키는 것이 중요합니다. 현재의 BOP, 비원전 엔지니어링 인력까지 전부 운영하는 것은 조직의 비대화를 가져와 핵심역량을 흐트

러뜨립니다. 원자력에 대한 비전이 충분하다면 핵심 역량을 국유화하고 이들이 사업을 주도하는 전략을 구사하는 것이 필요합니다. 또한 이들이 직접 구매하고, 한수원은 설비운영에 집중하고, 한전기술이 책임경영을 할 수 있도록 지원해야 합니다.

• 원자력의 미래를 보면 전망이 낙관적이지 않으므로 2009년 UAE 바라카 원전 수출 이후 급증한 전국 대학 원자력 관련 학과의 입학정원을 대폭 조정해야 합니다. 원전 수출이 이루어지고 있지 않은 상태에서 대학에서 과도하게 인력을 배출하면 사회문제가 될 가능성이 큽니다.

• 원자력 산업계의 최대 목표는 투명성에 있어야 합니다. 그래야 안전과 성능 모두 투명한 관리하에 두는 것이 가능해지기 때문입니다. 투명성은 비리와 범죄 행위에서 자정능력을 가지게 할 뿐 아니라 안전 문화를 고도화하는 데 매우 중요합니다.

• 원자력안전기술원의 경우 박사급 인력을 신입으로

채용하는데, 이는 지양되어야 합니다. 요소 산업 분야
에서 10년 이상 기술 경험을 쌓은 실무자를 채용하는
것이 바람직합니다. 반드시 박사여야 검사나 심사를
잘할 수 있는 것이 아닙니다. 더욱이 원자력안전기술
원은 심사와 규제를 위한 기술기관이지 연구기관이
아닙니다.

- 원자력 안전 규제를 위한 연구기관이 필요합니다. 관
련 기술적인 연구를 통해 규제기준 개발 등 안전 규
제 기술을 심화시키는 데 있어 연구개발이 매우 중요
해집니다. 원자력안전기술원은 연구기관이 아니므로
전문적인 규제에 집중하도록 하고, 200~300명 규모
의 안전 전문 연구조직을 별도로 만들어야 합니다.

- 원자력 안전을 위한 규제기관의 전면적인 구조 개편
이 필요합니다. 원자력안전위원회 위원이 비상임으
로 구성되어 있어 제대로 된 심사와 검토가 이루어지
지 못하고 시간에 쫓겨 통과되는 경우가 비일비재합
니다. 권한을 가진 위원이 시간이 없어 심사를 제대
로 하지 못하는 경우, 졸속으로 통과되는 일이 발생

하기 쉽습니다.

• 설계조직에서 직접 중소기업 제품을 구매하고 기술
지원과 전문화를 통해 성장을 도울 수 있도록 지원하
고, 일대일로 기술적인 관리와 지도가 이루어져야 합
니다. 특히 분야별로 기기 제작에 있어 설계, 제작, 시
험검사 과정에서 설계자와의 꾸준한 소통이 필요합
니다. 윤리적인 규칙과 함께 투명한 지도 과정 또한
적절하게 공개될 필요가 있습니다.

• 공인검사원들의 입회 검사를 보다 심층적인 참여로
전환하는 것이 필요합니다. 예를 들면 단순 입회에서
비파괴검사 결과에 대한 3자 입장의 평가까지 포함
하는 것입니다. 안전관리와 품질검사를 독점사업자
에게 맡기는 것은 결과의 품질과 합리성을 떨어뜨릴
수 있습니다. 이러한 것은 3자 입장을 견지할 수 있도
록 위탁 발주로 업체를 선정하고 그 결과를 규제기관
에 직접 보고하도록 하는 것이 필요합니다. 독점사업
자에게 이 과정을 전부 맡기는 경우 결과의 신뢰성이
약해질 수 있습니다.

• 원자력연구원은 1997년 1월 설계, 핵연료, 환경관리 사업 분야 인력 약 600명을 이관하고 한전과 무관한 분야에 치중하기로 하였지만 결국 고속로를 포함한 후행핵주기와 원전 관련 분야에 종사하고 있습니다. 하나로 연구로 수출사업, 스마트원자로, SMR 사업 등도 대표적입니다. 원전 분야는 사업 이관 정신에 충실하고 고준위 핵폐기물 연구사업과 비원전 산업 분야에 보다 충실할 것을 권하고 싶습니다. 실제 비원전 산업 분야가 응용성과 지속가능성, 산업 규모, 다양성 측면에서 훨씬 유리하므로 이 분야에 매진할 것을 권고합니다.

• 최근 「중대재해 처벌 등에 관한 법률」이 시행되었습니다. 최고경영진이 책임지고 안전 문제를 해결하라는 의미가 담겨 있다고 봅니다. 하지만 원자력 분야는 단 한 번의 사고로 전 국토가 피해를 볼 수 있는데, 피해 보상·복구 비용이 너무 적거나 준전시에는 보상을 못 받는다거나 하는 점 등을 고려할 때 핵연료가 녹는 중대 사고와 안전관리에 보다 철저히 대비하도록 하기 위하여 최고경영자에게 책임을 부과할

필요가 있습니다. 현장 작업자들의 부상이나 사망보다 사회적 파장이 훨씬 큰 핵연료 용융 사고가 발생하는 경우 최고책임자를 지정하는 것은 책임과 의무를 부과한다는 측면에서 바람직하다고 봅니다.

· 원자력 안전을 위한 소통을 목표로 지역과 시민사회에서 요구하는 안전 정보는 무조건 공개하는 것이 필요합니다. 지자체장과 국회의원이 요구하는 안전 정보는 7일 이내 제출하도록 하고 불성실하게 응하는 경우 처벌하는 규정을 신설하는 것도 필요합니다. 또한 지역이나 시민사회에서 안전에 관한 의문점 해결을 위해 별도의 전문가를 원하는 경우 캐나다 핵안전위원회처럼 일정 비용을 지원하는 제도를 도입하는 것도 올바른 소통을 위해 바람직하다고 봅니다. 핵안전 정보는 시민의 안전을 위해 사용되어야 하므로 사업자의 영업 정보가 될 수 없는 사회적 공공재로 취급되어야 합니다.

· 지역과의 협력사업을 명분으로 사업자인 한수원이 지역사회의 여론조성에까지 개입하는 것이 허용되고

있습니다. 지역자원시설세나 「발전소주변지역 지원에 관한 법률」 등에 의한 지원금 중 일부를 한수원이 지역 주민에게 직접 지원하는 방식에서 탈피해야 합니다. 이러한 방식은 주민들을 사업자에 편향되도록 유도하여 그릇된 결과를 불러올 수 있습니다. 그러므로 모든 지원금은 지자체에 배부하고, 사업자는 지역 사업이 잘될 수 있도록 협조하는 것이 중요합니다.

· 원전 수출은 미국의 승인을 받아야 하면서도 국제적으로 리스크가 매우 높은 사업이므로 단순히 상업적으로 접근했다가는 낭패를 볼 수 있어 추진에 매우 신중해야 합니다. 프랑스 아레바의 경우 수십조 원의 수출 피해가 발생하자 정부 기관(EDF)이 흡수하는 사태가 벌어졌는데 그래도 100조 원 이상의 빚을 지고 2023년 1/4분기에만도 수십조 원의 적자가 발생해 부도 위기에 처해 있습니다. 이는 안이하게 대응하다가 국민에게 피해가 전가된 사례로 볼 수 있습니다. 미국의 경우는 웨스팅하우스가 사업을 추진하지만 수출에서 문제가 되어 수시로 부도나거나 퇴출당하고 있는 상황입니다.

- 정치적으로 많이 회자되는 이야기, 즉 "탈원전 정부 5년간 원전 생태계가 망했다"라는 말은 본문에서 지적한 대로 '사기에 가까운 정치적 주장'에 불과합니다. 원자력 생태계는 기술적으로 관리될 때 효과적으로 관리될 수 있습니다. 특수 검사설비를 갖춘 업체나 일부 필수 기업들에 한해 정부가 유지관리를 지원할 수 있습니다. 그렇지 않으면 대부분 지속 가능한 사업분야로 전환할 수 있도록 정부가 지원하는 것이 기업의 생존 가능성 측면에서 보다 효과적입니다. 수출이 안 되어 국내에 건설해가며 원전 생태계를 유지하는 것은 가장 비합리적인 방법입니다. 이를 위해 설계자가 직접 중소기업에서 구매하도록 하는 것이 중요한데, 이를 통해 원전 사업에서 중소기업 중심의 일자리 창출 효과가 극대화될 수 있습니다. 하지만 이제 건설도 끝났으니 핵폐기물 수송 용기나 해체 분야를 설계자 중심의 공공방식으로 추진하는 것이 바람직할 수 있습니다.